最新法律文件解读丛书

民事法律文件解读

总第 166 辑(2018.10)

最新法律文件解读丛书编选组　编

人民法院出版社

图书在版编目(CIP)数据

民事法律文件解读. 总第166辑/最新法律文件解读丛书编选组编. —北京:人民法院出版社,2018. 12
(最新法律文件解读丛书)
ISBN 978-7-5109-2322-7

Ⅰ. ①民… Ⅱ. ①最… Ⅲ. ①民法-法律解释-中国 ②民事诉讼法-法律解释-中国 Ⅳ. ①D923. 05②D925. 105

中国版本图书馆 CIP 数据核字(2018)第251886号

民事法律文件解读·总第166辑
最新法律文件解读丛书编选组 编

责任编辑 丁丽娜
出版发行 人民法院出版社
地　　址 北京市东城区东交民巷27号 邮编 100745
电　　话 (010)67550608(责任编辑) 67550558(发行部查询)
65223677(读者服务部)
客服 QQ 2092078039
网　　址 http://www. courtbook. com. cn
E - mail courtbook@ sina. com
印　　刷 三河市国英印务有限公司
经　　销 新华书店
开　　本 787×1092 毫米 1/16
字　　数 140千字
印　　张 8
版　　次 2018年12月第1版 2018年12月第1次印刷
书　　号 ISBN 978-7-5109-2322-7
定　　价 22.00元

卷首语

2018年10月26日，第十三届全国人民代表大会常务委员会第六次会议表决通过了《中华人民共和国人民法院组织法（修订草案）》。本次对人民法院组织法的修订是一次全面、大幅度的修改，不仅条文数量从原有40条增加到59条，而且在体系框架上作了较大调整。值得关注的变化，主要有以下几个方面：一是完善了人民法院工作原则。二是健全了人民法院组织体系。三是完善了最高人民法院职能。为便于读者更好地理解与适用修订后的人民法院组织法，本辑收录了关于《中华人民共和国人民法院组织法（修订草案）》的说明以及最高人民法院研究室负责人就人民法院组织法修改答记者问文章。

2018年10月26日，第十三届全国人大常委会第六次会议审议通过《关于专利等知识产权案件诉讼程序若干问题的决定》（以下简称《决定》），决定由最高人民法院统一审理专利等专业技术性较强的民事、行政上诉案件。本辑收录了关于《关于专利等案件诉讼程序若干问题的决定（草案）》的说明以及最高人民法院有关负责人就《决定》答记者问文章。

本辑还收录了最高人民法院第16批指导性案例中第82号至第86号指导性案例的理解与参照文章，总结了知识产权审判实践中普遍的疑难复杂法律适用问题，如被诉侵权药品制备工艺的技术事实查明及确定，外观设计创新性和功能性设计特征的认定及其在侵权判断中的考量，基于公共利益原则考量的品种权行使限制等，有利于进一步明确裁判规则。

《最新法律文件解读》丛书
编　辑　部

范春雪　（010）67550525

姜　峤　（010）67550573

丁丽娜　（010）67550608

张　奎　（010）67550673

路建华　（010）67550660

执行编辑　丁丽娜

目　录

[法律、法律性文件与解读]

中华人民共和国人民法院组织法

（1979年7月1日第五届全国人民代表大会第二次会议通过　根据1983年9月2日第六届全国人民代表大会常务委员会第二次会议《关于修改〈中华人民共和国人民法院组织法〉的决定》第一次修正　根据1986年12月2日第六届全国人民代表大会常务委员会第十八次会议《关于修改〈中华人民共和国地方各级人民代表大会和地方各级人民政府组织法〉的决定》第二次修正　根据2006年10月31日第十届全国人民代表大会常务委员会第二十四次会议《关于修改〈中华人民共和国人民法院组织法〉的决定》第三次修正　2018年10月26日第十三届全国人民代表大会常务委员会第六次会议修订）

目　录

第一章 总 则

第一条 为了规范人民法院的设置、组织和职权，保障人民法院依法履行职责，根据宪法，制定本法。

第二条 人民法院是国家的审判机关。

人民法院通过审判刑事案件、民事案件、行政案件以及法律规定的其他案件，惩罚犯罪，保障无罪的人不受刑事追究，解决民事、行政纠纷，保护个人和组织的合法权益，监督行政机关依法行使职权，维护国家安全和社会秩序，维护社会公平正义，维护国家法制统一、尊严和权威，保障中国特色社会主义建设的顺利进行。

第三条 人民法院依照宪法、法律和全国人民代表大会常务委员会的决定设置。

第四条 人民法院依照法律规定独立行使审判权，不受行政机关、社会团体和个人的干涉。

第五条 人民法院审判案件在适用法律上一律平等，不允许任何组织和个人有超越法律的特权，禁止任何形式的歧视。

第六条 人民法院坚持司法公正，以事实为根据，以法律为准绳，遵守法定程序，依法保护个人和组织的诉讼权利和其他合法权益，尊重和保障人权。

第七条 人民法院实行司法公开，法律另有规定的除外。

第八条 人民法院实行司法责任制，建立健全权责统一的司法权力运行机制。

第九条 最高人民法院对全国人民代表大会及其常务委员会负责并报告工作。地方各级人民法院对本级人民代表大会及其常务委员会负责并报告工作。

各级人民代表大会及其常务委员会对本级人民法院的工作实施监督。

第十条 最高人民法院是最高审判机关。

最高人民法院监督地方各级人民法院和专门人民法院的审判工作，上级人民法院监督下级人民法院的审判工作。

第十一条 人民法院应当接受人民群众监督，保障人民群众对人民法院工作依法享有知情权、参与权和监督权。

第二章　人民法院的设置和职权

第十二条　人民法院分为：

（一）最高人民法院；

（二）地方各级人民法院；

（三）专门人民法院。

第十三条　地方各级人民法院分为高级人民法院、中级人民法院和基层人民法院。

第十四条　在新疆生产建设兵团设立的人民法院的组织、案件管辖范围和法官任免，依照全国人民代表大会常务委员会的有关规定。

第十五条　专门人民法院包括军事法院和海事法院、知识产权法院、金融法院等。

专门人民法院的设置、组织、职权和法官任免，由全国人民代表大会常务委员会规定。

第十六条　最高人民法院审理下列案件：

（一）法律规定由其管辖的和其认为应当由自己管辖的第一审案件；

（二）对高级人民法院判决和裁定的上诉、抗诉案件；

（三）按照全国人民代表大会常务委员会的规定提起的上诉、抗诉案件；

（四）按照审判监督程序提起的再审案件；

（五）高级人民法院报请核准的死刑案件。

第十七条　死刑除依法由最高人民法院判决的以外，应当报请最高人民法院核准。

第十八条　最高人民法院可以对属于审判工作中具体应用法律的问题进行解释。

最高人民法院可以发布指导性案例。

第十九条　最高人民法院可以设巡回法庭，审理最高人民法院依法确定的案件。

巡回法庭是最高人民法院的组成部分。巡回法庭的判决和裁定即最高人民法院的判决和裁定。

第二十条　高级人民法院包括：

（一）省高级人民法院；

（二）自治区高级人民法院；

（三）直辖市高级人民法院。

第二十一条 高级人民法院审理下列案件：

（一）法律规定由其管辖的第一审案件；

（二）下级人民法院报请审理的第一审案件；

（三）最高人民法院指定管辖的第一审案件；

（四）对中级人民法院判决和裁定的上诉、抗诉案件；

（五）按照审判监督程序提起的再审案件；

（六）中级人民法院报请复核的死刑案件。

第二十二条 中级人民法院包括：

（一）省、自治区辖市的中级人民法院；

（二）在直辖市内设立的中级人民法院；

（三）自治州中级人民法院；

（四）在省、自治区内按地区设立的中级人民法院。

第二十三条 中级人民法院审理下列案件：

（一）法律规定由其管辖的第一审案件；

（二）基层人民法院报请审理的第一审案件；

（三）上级人民法院指定管辖的第一审案件；

（四）对基层人民法院判决和裁定的上诉、抗诉案件；

（五）按照审判监督程序提起的再审案件。

第二十四条 基层人民法院包括：

（一）县、自治县人民法院；

（二）不设区的市人民法院；

（三）市辖区人民法院。

第二十五条 基层人民法院审理第一审案件，法律另有规定的除外。

基层人民法院对人民调解委员会的调解工作进行业务指导。

第二十六条 基层人民法院根据地区、人口和案件情况，可以设立若干人民法庭。

人民法庭是基层人民法院的组成部分。人民法庭的判决和裁定即基层人民法院的判决和裁定。

第二十七条 人民法院根据审判工作需要，可以设必要的专业审判庭。法官员额较少的中级人民法院和基层人民法院，可以设综合审判庭或者不设审判庭。

人民法院根据审判工作需要，可以设综合业务机构。法官员额较少的中级人民法院和基层人民法院，可以不设综合业务机构。

第二十八条 人民法院根据工作需要，可以设必要的审判辅助机构和行政管理机构。

第三章 人民法院的审判组织

第二十九条 人民法院审理案件，由合议庭或者法官一人独任审理。

合议庭和法官独任审理的案件范围由法律规定。

第三十条 合议庭由法官组成，或者由法官和人民陪审员组成，成员为三人以上单数。

合议庭由一名法官担任审判长。院长或者庭长参加审理案件时，由自己担任审判长。

审判长主持庭审、组织评议案件，评议案件时与合议庭其他成员权利平等。

第三十一条 合议庭评议案件应当按照多数人的意见作出决定，少数人的意见应当记入笔录。评议案件笔录由合议庭全体组成人员签名。

第三十二条 合议庭或者法官独任审理案件形成的裁判文书，经合议庭组成人员或者独任法官签署，由人民法院发布。

第三十三条 合议庭审理案件，法官对案件的事实认定和法律适用负责；法官独任审理案件，独任法官对案件的事实认定和法律适用负责。

人民法院应当加强内部监督，审判活动有违法情形的，应当及时调查核实，并根据违法情形依法处理。

第三十四条 人民陪审员依照法律规定参加合议庭审理案件。

第三十五条 中级以上人民法院设赔偿委员会，依法审理国家赔偿案件。

赔偿委员会由三名以上法官组成，成员应当为单数，按照多数人的意见作出决定。

第三十六条 各级人民法院设审判委员会。审判委员会由院长、副院长和若干资深法官组成，成员应当为单数。

审判委员会会议分为全体会议和专业委员会会议。

中级以上人民法院根据审判工作需要，可以按照审判委员会委员专业和工作分工，召开刑事审判、民事行政审判等专业委员会会议。

第三十七条 审判委员会履行下列职能：

（一）总结审判工作经验；

（二）讨论决定重大、疑难、复杂案件的法律适用；

（三）讨论决定本院已经发生法律效力的判决、裁定、调解书是否应当再审；

（四）讨论决定其他有关审判工作的重大问题。

最高人民法院对属于审判工作中具体应用法律的问题进行解释，应当由审判委员会全体会议讨论通过；发布指导性案例，可以由审判委员会专业委员会会议讨论通过。

第三十八条 审判委员会召开全体会议和专业委员会会议，应当有其组成人员的过半数出席。

审判委员会会议由院长或者院长委托的副院长主持。审判委员会实行民主集中制。

审判委员会举行会议时，同级人民检察院检察长或者检察长委托的副检察长可以列席。

第三十九条 合议庭认为案件需要提交审判委员会讨论决定的，由审判长提出申请，院长批准。

审判委员会讨论案件，合议庭对其汇报的事实负责，审判委员会委员对本人发表的意见和表决负责。审判委员会的决定，合议庭应当执行。

审判委员会讨论案件的决定及其理由应当在裁判文书中公开，法律规定不公开的除外。

第四章 人民法院的人员组成

第四十条 人民法院的审判人员由院长、副院长、审判委员会委员和审判员等人员组成。

第四十一条 人民法院院长负责本院全面工作，监督本院审判工作，管理本院行政事务。人民法院副院长协助院长工作。

第四十二条 最高人民法院院长由全国人民代表大会选举，副院长、审判委员会委员、庭长、副庭长和审判员由院长提请全国人民代表大会常务委员会任免。

最高人民法院巡回法庭庭长、副庭长，由最高人民法院院长提请全国人民代表大会常务委员会任免。

第四十三条 地方各级人民法院院长由本级人民代表大会选举，副院长、审判委员会委员、庭长、副庭长和审判员由院长提请本级人民代表大会常务委员会任免。

在省、自治区内按地区设立的和在直辖市内设立的中级人民法院院长，由省、自治区、直辖市人民代表大会常务委员会根据主任会议的提名决定任免，副院长、审判委员会委员、庭长、副庭长和审判员由高级人民法院院长提请省、自治区、直辖市人民代表大会常务委员会任免。

第四十四条 人民法院院长任期与产生它的人民代表大会每届任期相同。

各级人民代表大会有权罢免由其选出的人民法院院长。在地方人民代表大会闭会期间，本级人民代表大会常务委员会认为人民法院院长需要撤换的，应当报请上级人民代表大会常务委员会批准。

第四十五条 人民法院的法官、审判辅助人员和司法行政人员实行分类管理。

第四十六条 法官实行员额制。法官员额根据案件数量、经济社会发展情况、人口数量和人民法院审级等因素确定。

最高人民法院法官员额由最高人民法院商有关部门确定。地方各级人民法院法官员额，在省、自治区、直辖市内实行总量控制、动态管理。

第四十七条 法官从取得法律职业资格并且具备法律规定的其他条件的人员中选任。初任法官应当由法官遴选委员会进行专业能力审核。上级人民法院的法官一般从下级人民法院的法官中择优遴选。

院长应当具有法学专业知识和法律职业经历。副院长、审判委员会委员应当从法官、检察官或者其他具备法官、检察官条件的人员中产生。

法官的职责、管理和保障，依照《中华人民共和国法官法》的规定。

第四十八条 人民法院的法官助理在法官指导下负责审查案件材料、草拟法律文书等审判辅助事务。

符合法官任职条件的法官助理，经遴选后可以按照法官任免程序任命为法官。

第四十九条 人民法院的书记员负责法庭审理记录等审判辅助事务。

第五十条 人民法院的司法警察负责法庭警戒、人员押解和看管等警务事项。

司法警察依照《中华人民共和国人民警察法》管理。

第五十一条 人民法院根据审判工作需要，可以设司法技术人员，负责与审判工作有关的事项。

第五章 人民法院行使职权的保障

第五十二条 任何单位或者个人不得要求法官从事超出法定职责范围的事务。

对于领导干部等干预司法活动、插手具体案件处理，或者人民法院内部人员过问案件情况的，办案人员应当全面如实记录并报告；有违法违纪情形的，由有关机关根据情节轻重追究行为人的责任。

第五十三条 人民法院作出的判决、裁定等生效法律文书，义务人应当依法履行；拒不履行的，依法追究法律责任。

第五十四条 人民法院采取必要措施，维护法庭秩序和审判权威。对妨碍人民法院依法行使职权的违法犯罪行为，依法追究法律责任。

第五十五条 人民法院实行培训制度，法官、审判辅助人员和司法行政人员应当接受理论和业务培训。

第五十六条 人民法院人员编制实行专项管理。

第五十七条 人民法院的经费按照事权划分的原则列入财政预算，保障审判工作需要。

第五十八条 人民法院应当加强信息化建设，运用现代信息技术，促进司法公开，提高工作效率。

第六章 附 则

第五十九条 本法自2019年1月1日起施行。

关于《中华人民共和国人民法院组织法（修订草案）》的说明

——2017 年 8 月 28 日在第十二届全国人民代表大会常务委员会第二十九次会议上

全国人大内务司法委员会副主任委员　王胜明

委员长、各位副委员长、秘书长、各位委员：

我受全国人大内务司法委员会的委托，作关于《中华人民共和国人民法院组织法（修订草案）》的说明。

一、修改人民法院组织法的重要意义

人民法院组织法是规定人民法院机构设置及其职责权限的重要法律，是我国司法制度的支柱性法律。现行人民法院组织法于 1979 年 7 月颁布，1980 年 1 月施行，对构建法院组织体系、加强审判工作、确立社会主义司法制度发挥了重要作用。随着我国经济社会快速发展，民主法治建设日臻完善，司法体制改革不断深化，人民法院工作面临许多新情况新任务新要求，修改完善人民法院组织法是十分必要的。

第一，修改人民法院组织法，是贯彻落实党中央重大决策部署，深化司法体制改革的重要任务。十八大以来，以习近平总书记为核心的党中央对深化司法体制改革、保障司法公正作出一系列决策部署，司法体制改革取得重大成果。修改人民法院组织法，对完善司法管理体制和审判权运行机制，巩固司法体制改革成果，确保司法体制改革行稳致远，进一步提高司法公信力，具有重要意义。

第二，修改人民法院组织法，是适应改革开放以来人民法院发展，充分发挥审判机关职能的客观需要。现行人民法院组织法是改革开放初期制定的，三十多年来，人民法院工作发生许多积极变化，修改人民法院组织法，对更好地履行人民法院职能，适应新形势新要求，维护国家安全和社会秩序，维护社会公平正义，具有重要意义。

第三，修改人民法院组织法，是完善中国特色社会主义法律体系的重要任务。人民法院是国家的审判机关，人民法院组织法是中国特色社会主义法律体系的重要组成部分。随着刑事诉讼法、民事诉讼法、行政诉讼法、法官法、检察官法等法律不断完善，修改人民法院组织法，进一步明确人民法院的设置及其职权，对维护法律之间的和谐统一，具有重要意义。

二、修改的指导思想以及工作过程

修改人民法院组织法的指导思想是：全面贯彻党的十八大和十八届三中、四中、五中、六中全会精神，以邓小平理论、“三个代表”重要思想、科学发展观为指导，深入学习贯彻习近平总书记系列重要讲话精神和治国理政新理念新思想新战略，牢固树立“四个意识”，围绕统筹推进“五位一体”总体布局和协调推进“四个全面”战略布局，抓紧修改完善人民法院组织法，规范人民法院的设置和职权，保障人民法院依法履行职责，使修改后的人民法院组织法符合司法规律，体现时代精神，为建设公正高效权威的社会主义司法制度提供法律保障。

全国人大常委会对修改人民法院组织法高度重视，2013 年就作出工作部署。本届以来，全国人大代表提出修改人民法院组织法的议案共 13 件。全国人大内务司法委员会在全国人大常委会的领导下，抓紧研究修改人民法院组织法。修改工作遵循以下基本原则：一是修改工作是在现行人民法院组织法基础上进行的，其基本制度和许多规定都要保留。二是努力体现司法体制改革成果，使党中央重大决策部署通过法定程序成为国家意志，用法律制度巩固司法体制改革成果。三是准确把握人民法院组织法的调整范围，妥善处理其与诉讼法、法官法等法律的关系。四是人民法院组织法涉及面广，有些改革还在试点过程中，对一些实践不够、尚未形成共识的问题，只作原则性规定或者暂不作规定。

内务司法委员会在修改人民法院组织法过程中，主要做了以下工作：一是专门组织6个研究小组并委托6个省级人大内司委，逐个研究修改的主要问题；二是两年来深入调研20个省、自治区、直辖市司法体制改革情况；三是广泛征求中央纪委、中央组织部、中央编办、财政部等部门，31个省级人大内司委，部分法律院校和研究机构等各方面的意见和建议；四是与中央政法委、全国人大常委会法工委、最高人民法院、最高人民检察院、国务院法制办等单位多次沟通协商，对草案规定的内容达成共识。2017年6月8日，内务司法委员会召开全体会议，讨论通过了人民法院组织法修订草案。

三、人民法院组织法修订草案的主要内容

现行人民法院组织法共3章40条，修订草案共6章66条，修改完善的量较大。增加的主要内容：一是现行人民法院组织法施行以来，全国人大及其常委会有关人民法院组织的新规定，如海事法院、新疆兵团法院等规定；二是深化司法体制改革的有关成果。

（一）人民法院的性质、任务和基本原则

1. 关于人民法院的性质。草案规定："中华人民共和国人民法院是国家的审判机关，依法行使审判权。"这一规定，与宪法以及现行人民法院组织法的规定是一致的。

2. 关于人民法院的任务。根据人民法院性质及其职能，草案规定："人民法院的任务是通过行使审判权，惩罚犯罪，解决纠纷，保护自然人、法人和非法人组织的合法权益，监督行政机关依法行使职权，维护国家安全和社会秩序，维护社会公平正义，维护国家法制统一、尊严、权威。"

3. 关于人民法院工作的基本原则。草案规定了人民法院依法设立、依法独立行使审判权、适用法律人人平等、司法公正、司法民主、司法公开和司法责任制等基本原则。草案关于基本原则的规定，主要是根据审判工作要求和深化司法体制改革实践作出的，基本上都有法律依据。

（二）人民法院的设置和职权

草案在现行人民法院组织法的基础上，进一步完善人民法院的设置和职权。

1. 关于人民法院的分类。现行人民法院组织法将人民法院分为最高人民

法院、地方各级人民法院和专门人民法院，草案在此基础上，根据党的十八届四中全会决定增加规定："经全国人民代表大会常务委员会决定，可以设立跨行政区划人民法院，审理跨地区案件。"并根据1998年全国人大常委会的决定，增加"新疆维吾尔自治区生产建设兵团人民法院"的规定。

2. 关于专门人民法院。现行人民法院组织法规定了军事法院，草案根据改革开放以来人民法院的发展情况，增加规定海事法院和知识产权法院。

3. 关于人民法院的内设机构。根据审判工作需要，并征求有关部门意见，草案规定："人民法院根据审判工作需要，可以设必要的审判庭。法官员额较少的中级人民法院和基层人民法院，可以设综合审判庭或者不设审判庭。""人民法院根据工作需要，可以设必要的审判辅助机构和司法行政管理机构，也可以让社会力量参与审判辅助工作和司法行政工作。"这样规定，既符合深化司法体制改革要求，又为进一步改革留有空间。草案还根据最高人民法院设立巡回法庭的实践，规定"最高人民法院可以设巡回法庭，审理跨行政区划重大行政、民商事等案件"。

（三）人民法院的审判组织

党的十八届三中、四中全会提出，完善主审法官、合议庭办案责任制，让审理者裁判、由裁判者负责。草案将办案责任制具体落实在人民法院的审判组织一章。

1. 关于合议庭和独任庭。合议庭和独任庭是人民法院主要审判组织，草案就合议庭和独任庭审判范围、合议庭组成、合议庭评议案件、裁判文书签署等作出规定。根据"谁办案谁负责"的要求，草案规定，法官组成合议庭的，其成员对案件的事实认定和法律适用承担责任，独任庭由独任法官对案件的事实认定和法律适用承担责任。同时规定，合议庭和独任庭的审判活动有违法情形的，人民法院应当及时调查核实，并根据违法情形依法处理。

2. 关于人民陪审员。根据全国人大常委会有关决定，草案就人民陪审员参加合议庭审判案件、履职期间权利和义务作出规定。

3. 关于审判委员会。草案总结审判委员会的有益经验，并根据改革实践，对审判委员会的任务、组成、议事规则、审判委员会决定的效力以及司法责任作出规定。

（四）人民法院的组成人员和其他人员

草案根据宪法、全国人民代表大会组织法、地方各级人民代表大会和地方各级人民政府组织法等法律和深化司法体制改革实践，作出以下规定。

1. 关于人民法院的组成人员。草案规定："人民法院由院长一人，副院长、审判委员会委员和其他法官若干人组成。"并对各级人民法院院长、副院长、审判委员会委员和其他法官的产生办法作出规定。

2. 关于人民法院院长、副院长职责及其专业资格。草案规定："人民法院院长负责本院全面工作，监督本院审判工作，管理本院行政事务。人民法院副院长协助院长工作。"根据多年来任命法院院长的实际情况，并征求有关部门意见，草案规定：人民法院"院长应当具有法学专业知识和法律职业经历。副院长、审判委员会委员应当从法官中产生。"

3. 关于人员分类管理。完善司法人员分类管理制度，是深化司法体制改革重要举措。草案规定："人民法院的法官、审判辅助人员和司法行政人员实行分类管理。"并对法官录用和遴选，法官助理、书记员、司法警察的基本职责作出规定。

4. 关于法官员额制。根据有关部门意见，草案规定："法官实行员额制。法官员额根据人民法院审级、案件数量以及经济社会发展情况、人口数量等因素确定。最高人民法院法官员额，由最高人民法院商有关部门确定。地方各级人民法院法官员额，在省、自治区、直辖市内实行总量控制，动态管理。"

（五）人民法院行使职权的保障

十八大以来，党中央采取一系列措施保障人民法院独立公正行使审判权，草案对此作出专章规定。

1. 关于维护法庭秩序和审判权威。草案规定："人民法院应当采取必要措施，维护法庭秩序和审判权威。对妨碍人民法院依法行使职权的违法犯罪行为，依法追究法律责任。"

2. 关于法官履职保护。草案规定："法官非因法定事由，未经法定程序，不被调离、降职、免职、辞退或者处分。"并规定："法官的人格尊严和人身安全受法律保护。对骚扰、谩骂、威胁、暴力侵害法官及其近亲属等违法犯罪行为，有关机关应当及时制止，依法从严惩处。"

3. 关于加强信息化建设。草案规定："人民法院应当加强信息化建设，运用互联网、大数据等现代信息技术，提高工作效率，保障司法公正。”

4. 关于职业保障。草案规定：“人民法院商有关部门建立法官单独职务序列和工资制度，完善职业保障体制。”“人民法院人员编制实行专项管理。专项管理的具体办法，由最高人民法院商有关部门另行规定。”“人民法院的经费按照事权划分的原则列入财政预算，保障审判工作需要。”上述规定，是根据有关部门的意见作出的。

还有一个问题需要汇报：有关人民法院的执行权，经商有关部门，草案对此未作规定。党的十八届四中全会提出，推动实行审判权和执行权相分离的体制改革试点。目前，审判权和执行权如何分离，尚未达成共识，还在调研论证。人民法院的执行权主要规定在民事诉讼法中，现行人民法院组织法对法院的执行权也未作规定，草案维持现行人民法院组织法的规定，不影响法院的执行工作。

《中华人民共和国人民法院组织法（修订草案）》和以上说明是否妥当，请审议。

最高人民法院研究室负责人就人民法院组织法修改答记者问

2018年10月26日，第十三届全国人民代表大会常务委员会第六次会议表决通过了《中华人民共和国人民法院组织法（修订草案）》。值此公布之际，最高人民法院研究室负责人就人民法院组织法修订相关情况回答了记者的提问。

问：请您介绍一下人民法院组织法修订的背景和主要经过？

答：现行人民法院组织法自1979年颁布施行近40年来，仅在1983年、1986年、2006年作了局部修改，总体上已经不能适应新时代中国特色社会主义司法实践和司法制度发展的需要。特别是党的十八大以来，党中央部署全面深化司法体制改革，人民法院全面推进以司法责任制为核心的重大基础性改革，积极推动审判体系和审判能力现代化，既取得了明显成效，也对立法层面健全完善有关人民法院管理体制、组织体系、队伍建设以及履职保障等提出了迫切需求。为巩固司法改革成果、保障司法改革全面深化，全国人大内司委早在中央部署全面深化司法改革之初，便积极推动人民法院组织法修订工作，我院也积极参与，共同促成全国人大常委会于2013年将人民法院组织法（修改）正式纳入立法规划。我院党组和周强院长高度重视，成立了人民法院组织法修改研究小组，部署研究起草人民法院组织法修改建议稿并明确了分工，相关部门紧锣密鼓地开展调查研究，多位院领导指导和参与组织法修改工作。

由于司法改革的力度、广度、深度前所未有，重大改革举措和试点方案不断出台，我院及时总结改革试点经验，聚焦实践中需要解决的重大问题，在全国人大内司委指导下，经广泛征求意见、反复研究论证，于2016年9月正式向全国人大内司委提交了《人民法院组织法修改建议稿》。随后，全国人大内司委进一步深入开展调研论证，广泛凝聚各方共识，形成《中华人民共和国人民法院组织法（修订草案）》，并于2017年8月提交第十二届全国人大常委会第二十九次会议第一次审议。首次审议后，由全国人大法工委牵头组织研究论证，于2018年6月提交第十三届全国人大常委会第三次会议二次审议。全国人大常委会于2018年6月29日发布公告，广泛征求社会各界的意见。全国人大法工委在认真梳理1000多条反馈意见的基础上，进一步修改完善修订草案。2018年10月23日，第十三届全国人大常委会第六次会议审议人民法院组织法（修订草案）第三次审议稿。10月26日全国人大常委会第六次会议表决通过。

问：人民法院组织法修改工作历时数年，这期间主要坚持哪些工作原则？

答：无论是最高人民法院起草修改建议稿，还是全国人大内司委和全国人大法工委组织起草修订草案，在推进人民法院组织法修改过程中，我们主要坚持以下几个工作原则。

一是贯彻落实党中央深化司法体制改革总体部署。认真贯彻落实党中央和习近平总书记对深化司法改革、推进公正司法提出的新理念新思想新战略，及时通过法定程序、以法律形式固定下来。比如总则第六条规定人民法院坚持司法公正，尊重和保障人权；第八条规定人民法院实行司法责任制，建立健全权责统一的司法权力运行机制；第四十六条规定法官实行员额制；第五十二条规定任何单位或者个人不得要求法官从事超出法定职责范围的事务，对领导干部干预司法活动或者插手具体案件处理要全面如实记录并追究责任等。二是落实宪法确定的制度、原则和精神，符合宪法的规定。深入学习贯彻宪法规定精神，严格在现行宪法框架下推进组织法修改工作，切实维护宪法权威。比如总则第一条就明确规定根据宪法制定本法；第三条规定人民法院依照宪法、法律和全国人大常委会的决定设置；第五条规定人民法院审判案件在适用法律上一律平等，不允许任何组织和个人有超越法律的特权；第九条规定各级人民代表大会及其常务委员会对本级人民法院的工作实施监督；等等。三是保持人民法院组织体系和法院组织法基本原则的稳定性。我们坚持巩固司法改革最新成果，但对正在试点或者试点成效尚不明显、未能达成广泛共识的问题，在修订时仅作出原则性规定或暂不规定，为深化司法改革预留探索空间。比如完善了最高人民法院巡回法庭审理案件的范围，但对跨行政区划法院暂未明确规定，待条件成熟时再作规定。四是处理好法院组织法与诉讼法、法官法等相关法律的关系。例如有关法官履职保障的具体内容，在法官法（修订草案）中规定。

问：人民法院组织法本次修订，总体上有哪些变化值得关注？

答：本次对人民法院组织法的修订是一次全面、大幅度的修改，不仅条文数量从原有40条增加到59条，而且在体系框架上作了较大调整。值得关注的变化，主要有以下几个方面。

一是完善了人民法院工作原则。总则第四条至第十一条分别规定了人民法院依法独立行使审判权、审判案件在适用法律上一律平等、坚持司法公正、实行司法公开、实行司法责任制、自觉接受人大及其常委会和人民群众的监督等等。

二是健全了人民法院组织体系。第十五条明确规定了专门人民法院包括军事法院和海事法院、知识产权法院以及金融法院等，第十九条明确规定了最高人民法院可以设巡回法庭，这些都为人民法院组织体系发展提供了广阔的空间。

三是完善了最高人民法院职能。第十六条明确规定最高人民法院可以审理按照全国人大常委会的规定提起的上诉、抗诉案件，为完善最高人民法院审判职能提供了重要的依据。第十九条明确了我院巡回法庭审理的案件不再限于“跨行政区划重大行政、民商事案件”。特别值得关注的是，第十八条明确规定了我院可以发布指导性案例，有效巩固了人民法院这些年在案例指导制度方面的改革探索，对统一全国法院的法律适用和裁判标准将发挥重大作用。

问：本次修订对审判委员会制度规定较多，能否介绍一下有哪些亮点？

答：改革审委会制度是党的十八届三中全会明确的重大司法改革任务。此次对人民法院组织法的修订，第三十六条至第三十九条分别规定了审委会的组成、职能、议事规则、启动程序、决定效力、责任承担及公开机制等内容，条文由原来1条（3款）变为现在4条（10款），亮点主要体现在三个方面。

一是理顺了审委会与专业委员会的关系。为充分发挥审委会职能，结合审判工作实际，我院和部分高中级法院探索设立了刑事或民事专业委员会。第三十六条明确规定审判委员会会议分为全体会议和专业委员会会议，这不仅充分肯定了人民法院此前对审委会工作方式的改革成果，而且理顺了审委会和专业委员会的关系，即明确专业委员会只是审委会的会议形式之一，而不是审委会新的组织机构。

二是科学界定了审委会的职能。第三十七条明确规定审委会只讨论决定重大、疑难、复杂案件的法律适用，而非案件事实认定；第三十九条规定审委会讨论案件由合议庭对其汇报的事实负责。同时，第三十七条还规定我院发布的指导性案例，由审委会专业委员会会议讨论通过。

三是完善了审委会的运行机制。理清了合议庭与审委会的关系，严格审委会讨论决定案件的启动程序，即规定由审判长提出申请、院长批准，并规定审委会讨论案件的决定，合议庭应当执行。在此基础上，规定了审委会委员对本人发表的意见和表决负责，严格落实“让审理者裁判，由裁判者负责”，切实贯彻落实司法责任制总体要求。此外，除法律规定不宜公开的情形之外，还规定了审委会讨论案件的决定及其理由应当在裁判文书中公开，进一步拓展司法公开的深度。

问：中央明确提出要加强法官正规化专业化职业化建设，这些要求在人民法院组织法中都有哪些体现？

答：加强法官正规化专业化职业化建设是深化司法体制改革的重要目标。人民法院组织法修订中，也积极回应了这方面的目标需求。一是严格法官入职程序和条件，第四十七条明确规定初任法官须经法律遴选委员会专业能力的审核。院长应当具有法学专业知识和法律职业经历，副院长、审判委员会委员应当从法官、检察官或者具备相应条件的人员中产生。二是建立了法官遴选机制，规定上级法院的法官，一般从下级人民法院的法官中择优遴选。三是加强对法官的履职保障。第四十八条规定法官助理在法官指导下办理审查案件资料、草拟法律文书等审判辅助事务，将促使法官从事务性工作中“解脱”出来，确保法官有更多的精力专心对纠纷作出公正裁判。第五十二条规定任何单位或者个人不得要求法官从事超出法定职责范围的事务，确保法官专司裁判工作。第五十八条规定人民法院要加强信息化建设，运用现代信息技术提高审判工作效率。四是明确了法官培训制度，第五十五条规定法官应当接受理论和业务培训。

全国人民代表大会常务委员会
关于修改《中华人民共和国公司法》的决定

（2018 年 10 月 26 日第十三届全国人民代表大会常务委员会第六次会议通过）

一、第十三届全国人民代表大会常务委员会第六次会议决定对《中华人民共和国公司法》作如下修改：

将第一百四十二条修改为：“公司不得收购本公司股份。但是，有下列情形之一的除外：

“（一）减少公司注册资本；

“（二）与持有本公司股份的其他公司合并；

“（三）将股份用于员工持股计划或者股权激励；

“（四）股东因对股东大会作出的公司合并、分立决议持异议，要求公司收购其股份；

“（五）将股份用于转换上市公司发行的可转换为股票的公司债券；

“（六）上市公司为维护公司价值及股东权益所必需。

“公司因前款第（一）项、第（二）项规定的情形收购本公司股份的，应当经股东大会决议；公司因前款第（三）项、第（五）项、第（六）项规定的情形收购本公司股份的，可以依照公司章程的规定或者股东大会的授权，经三分之二以上董事出席的董事会会议决议。

“公司依照本条第一款规定收购本公司股份后，属于第（一）项情形的，应当自收购之日起十日内注销；属于第（二）项、第（四）项情形的，应当在六个月内转让或者注销；属于第（三）项、第（五）项、第（六）项情形的，公司合计持有的本公司股份数不得超过本公司已发行股份总额的百分之十，并应当在三年内转让或者注销。

“上市公司收购本公司股份的，应当依照《中华人民共和国证券法》的规定履行信息披露义务。上市公司因本条第一款第（三）项、第（五）项、第（六）项规定的情形收购本公司股份的，应当通过公开的集中交易方式进行。

“公司不得接受本公司的股票作为质押权的标的。”

本决定自公布之日起施行。

《中华人民共和国公司法》根据本决定作相应修改，重新公布。

二、对公司法有关资本制度的规定进行修改完善，赋予公司更多自主权，有利于促进完善公司治理、推动资本市场稳定健康发展。国务院及其有关部门应当完善配套规定，坚持公开、公平、公正的原则，督促实施股份回购的上市公司保证债务履行能力和持续经营能力，加强监督管理，依法严格查处内幕交易、操纵市场等证券违法行为，防范市场风险，切实维护债权人和投资者的合法权益。

关于《中华人民共和国公司法修正案（草案）》的说明

——2018 年 10 月 22 日在第十三届全国人民代表大会常务委员会第六次会议上

中国证券监督管理委员会主席　刘士余

委员长、各位副委员长、秘书长、各位委员：

我受国务院委托，现对《中华人民共和国公司法修正案（草案）》作说明。

一、修改的必要性

股份回购，是指公司收购本公司已发行的股份，是国际通行的公司实施并购重组、优化治理结构、稳定股价的必要手段，已是资本市场的一项基础性制度安排。

我国 1993 年公司法规定了两种允许股份回购的例外情形，包括公司为减少资本而注销股份或者与持有本公司股票的其他公司合并。2005 年公司法修订时，增加了将股份奖励给本公司职工，以及股东因对股东大会作出的公司合并、分立决议持异议要求公司收购其股份两种例外情形，并对股份回购的决策程序、数额限制等作了规定。实践中，不少公司依法实施了股份回购并取得较好效果。

近年来，公司股份回购需求日渐多样，特别是随着资本市场快速发展和市场环境的变化，上市公司股份回购数量日益增加，且目的更加多样，公司法关于股份回购的现行规定在实践中存在一些问题，主要是：允许股份回购的情形范围较窄，难以适应公司实施股权激励以及适时采取股份回购措施稳定股价等实际需要；实施股份回购的程序较为复杂（一般须召开股东大会），不利于公司及时把握市场机会，适时制定并实施股份回购计划；对公司持有所回购股份的期限规定得比较短，难以满足长期股权激励及稳定股价的需要等。从境外成熟市场的立法和实践看，公司股份回购特别是上市公司股份回购已经成为资本市场的基础性制度安排。因此，在总结实践经验、借鉴国外有益做法的基础上，对公司法有关股份回购的规定进行修改完善，为促进公司建立长效激励机制、提升上市公司质量，特别是为当前形势下稳定资本市场预期等，提供有力的法律支撑，十分必要。经征求中央财办、最高人民法院、发展改革委、财政部、国资委、市场监管总局等14个中央有关单位、部分地方政府有关部门以及上市公司、专业机构和专家学者的意见，并公开向社会征求意见，证监会、司法部起草形成了《中华人民共和国公司法修正案（草案）》（以下简称草案）。草案已经国务院同意。

二、修改的主要内容

针对公司法第一百四十二条在实践中存在的问题，草案从三个方面对该条规定作了修改完善：

一是补充完善允许股份回购的情形。将现行规定中“将股份奖励给本公司职工”这一情形修改为“将股份用于员工持股计划或者股权激励”，增加“将股份用于转换上市公司发行的可转换为股票的公司债券”和“上市公司为避免公司遭受重大损害，维护公司价值及股东权益所必需”两种情形，以及“法律、行政法规规定的其他情形”的兜底性规定。

二是适当简化股份回购的决策程序，提高公司持有本公司股份的数额上限，延长公司持有所回购股份的期限。规定公司因将股份用于员工持股计划或者股权激励、用于转换上市公司发行的可转换为股票的公司债券，以及上市公司为避免公司遭受重大损害、维护公司价值及股东权益所必需而收购本公司股份的，可以依照公司章程的规定或者股东大会的授权，经三分之二以上董事出席的董事会会议决议，不必经股东大会决议。因上述情形收购本公司股份的，公司合计持有的本公司股份数不得超过本公司已发行股份总额的百分之十，并应当在三年内转让或者注销。

三是补充上市公司股份回购的规范要求。为防止上市公司滥用股份回购制度，引发操纵市场、内幕交易等利益输送行为，增加规定上市公司收购本公司股份应当依照证券法的规定履行信息披露义务，除国家另有规定外，上市公司收购本公司股份应当通过公开的集中交易方式进行。

此外，根据实际情况和需要，删去了现行公司法关于公司因奖励职工收购本公司股份，用于收购的资金应当从公司的税后利润中支出的规定。

草案和以上说明是否妥当，请审议。

全国人民代表大会常务委员会

关于修改《中华人民共和国野生动物保护法》等十五部法律的决定

（2018年10月26日第十三届全国人民代表大会常务委员会第六次会议通过）

第十三届全国人民代表大会常务委员会第六次会议决定：

一、对《中华人民共和国野生动物保护法》作出修改

（一）将第七条中的“林业”修改为“林业草原”。

（二）将第三十五条第二款中的“依法实施进出境检疫。海关凭允许进出口证明书、检疫证明按照规定办理通关手续”修改为“海关依法实施进出境检疫，凭允许进出口证明书、检疫证明按照规定办理通关手续”。

（三）将第三十七条第一款中的“依法实施进境检疫。海关凭进口批准文件或者允许进出口证明书以及检疫证明按照规定办理通关手续”修改为“海关依法实施进境检疫，凭进口批准文件或者允许进出口证明书以及检疫证明按照规定办理通关手续”。

（四）将第四十八条、第四十九条、第五十一条中的“工商行政管理部门”修改为“市场监督管理部门”。

（五）删去第五十二条中的“检验检疫”。

二、对《中华人民共和国计量法》作出修改

删去第三十条中的“本法第二十六条规定的行政处罚，也可以由工商行政管理部门决定。”

三、对《中华人民共和国大气污染防治法》作出修改

（一）将第二十九条中的“环境保护主管部门及其委托的环境监察机构”修改为“生态环境主管部门及其环境执法机构”。

（二）将第四十条、第五十八条中的“质量监督部门”修改为“市场监督管理部门”，“环境保护主管部门”修改为“生态环境主管部门”。

（三）将第五十二条中的“环境保护主管部门”修改为“生态环境主管部门”，“质量监督、工商行政管理等有关部门”修改为“市场监督管理等有关部门”。

（四）将第九十八条中的“环境保护主管部门及其委托的环境监察机构”修改为“生态环境主管部门及其环境执法机构”，“环境保护主管部门”修改为“生态环境主管部门”。

（五）将第一百零一条、第一百零四条中的“出入境检验检疫机构”修改为“海关”。

（六）将第一百零三条中的“质量监督、工商行政管理部门按照职责”修改为“市场监督管理部门”。

（七）将第一百零七条中的“环境保护主管部门”修改为“生态环境主管部门”，“质量监督”修改为“市场监督管理”。

（八）将第一百一十条中的“工商行政管理部门、出入境检验检疫机构”修改为“市场监督管理部门、海关”。

（九）将第一百一十四条、第一百一十七条中的“环境保护等主管部门”修改为“生态环境等主管部门”。

（十）将第四条、第五条、第八条、第九条、第十一条、第十五条、第二

十条、第二十一条、第二十二条、第二十三条、第二十四条、第二十五条、第二十八条、第三十条、第三十一条、第三十八条、第四十九条、第五十条、第五十三条、第五十四条、第五十五条、第五十六条、第七十八条、第八十六条、第八十七条、第八十八条、第九十一条、第九十二条、第九十三条、第九十四条、第九十五条、第九十七条、第九十九条、第一百条、第一百零五条、第一百零八条、第一百零九条、第一百一十一条、第一百一十二条、第一百二十条、第一百二十二条、第一百二十六条中的"环境保护主管部门"修改为"生态环境主管部门"。

四、对《中华人民共和国残疾人保障法》作出修改

将第六十二条中的"广播电影电视"修改为"广播电视、电影"。

五、对《中华人民共和国妇女权益保障法》作出修改

将第五十九条中的"广播电影电视"修改为"广播电视、电影"。

六、对《中华人民共和国广告法》作出修改

（一）将第六十八条中的"新闻出版广电部门"修改为"新闻出版、广播电视主管部门"，"工商行政管理部门"修改为"市场监督管理部门"。

（二）将第六条、第二十九条、第四十七条、第四十九条、第五十条、第五十一条、第五十二条、第五十三条、第五十五条、第五十七条、第五十八条、第五十九条、第六十条、第六十一条、第六十二条、第六十三条、第六十四条、第六十六条、第六十七条、第七十一条、第七十三条、第七十四条中的"工商行政管理部门"修改为"市场监督管理部门"。

七、对《中华人民共和国节约能源法》作出修改

（一）将第十八条、第十九条、第七十四条中的"产品质量监督部门"修改为"市场监督管理部门"。

（二）将第七十条、第七十三条中的"产品质量监督部门"修改为"市场监督管理部门"，删去"由工商行政管理部门"。

八、对《中华人民共和国防沙治沙法》作出修改

（一）将第五条、第十一条中的“林业”修改为“林业草原”，“环境保护”修改为“生态环境”。

（二）将第十四条、第十五条、第十六条、第二十四条、第二十六条中的“林业”修改为“林业草原”。

（三）将第十八条中的“农（牧）业行政主管部门”修改为“林业草原行政主管部门会同畜牧业行政主管部门”。

（四）将第三十八条中的“林业、农（牧）业行政主管部门按照各自的职责”修改为“林业草原行政主管部门”。

（五）将第三十九条中的“农（牧）业、林业行政主管部门按照各自的职责”修改为“林业草原行政主管部门”。

九、对《中华人民共和国农业机械化促进法》作出修改

将第十二条第一款、第二款合并为一款，修改为：“市场监督管理部门应当依法组织对农业机械产品质量的监督抽查，加强对农业机械产品市场的监督管理工作。”

十、对《中华人民共和国农产品质量安全法》作出修改

（一）将第十五条中的“环境保护行政主管部门”修改为“生态环境主管部门”。

（二）将第四十条中的“食品药品监督管理部门”修改为“市场监督管理部门”。

（三）将第五十二条中的“工商行政管理部门”修改为“市场监督管理部门”。

十一、对《中华人民共和国循环经济促进法》作出修改

（一）将第五条、第十二条、第十四条、第十七条、第十八条、第十九条、第二十八条中的“环境保护等有关主管部门”修改为“生态环境等有关主管部门”。

（二）将第三十五条中的“林业主管部门”修改为“林业草原主管部门”。

（三）将第五十一条中的“产品质量监督部门”修改为“市场监督管理部门”，删去“由县级以上地方人民政府产品质量监督部门向本级工商行政管理部门通报有关情况，由工商行政管理部门”。

（四）将第五十四条、第五十六条中的“工商行政管理部门”修改为“市场监督管理部门”。

十二、对《中华人民共和国旅游法》作出修改

（一）将第八十三条中的“工商行政管理、产品质量监督”修改为“市场监督管理”。

（二）将第九十五条、第一百零四条中的“工商行政管理部门”修改为“市场监督管理部门”。

十三、对《中华人民共和国环境保护税法》作出修改

（一）将第二十二条中的“海洋主管部门”修改为“生态环境主管部门”。

（二）将第十条、第十四条、第十五条、第二十条、第二十一条、第二十三条中的“环境保护主管部门”修改为“生态环境主管部门”。

十四、对《中华人民共和国公共图书馆法》作出修改

将第五十一条中的“出版行政主管部门”修改为“出版主管部门”。

十五、对《中华人民共和国船舶吨税法》作出修改

删去第十一条中的“或者出入境检验检疫部门”。

本决定自公布之日起施行。

《中华人民共和国野生动物保护法》《中华人民共和国计量法》《中华人民共和国大气污染防治法》《中华人民共和国残疾人保障法》《中华人民共和国妇女权益保障法》《中华人民共和国广告法》《中华人民共和国节约能源法》《中华人民共和国防沙治沙法》《中华人民共和国农业机械化促进法》《中华人民共和国农产品质量安全法》《中华人民共和国循环经济促进法》《中华人民共和国旅游法》《中华人民共和国环境保护税法》《中华人民共和国公共图书

馆法》《中华人民共和国船舶吨税法》根据本决定作相应修改，重新公布。

关于《〈中华人民共和国野生动物保护法〉等15部法律的修正案（草案）》的说明

——2018年10月22日在第十三届全国人民代表大会常务委员会第六次会议上

司法部副部长　赵大程

委员长、各位副委员长、秘书长、各位委员：

我受国务院的委托，现对《〈中华人民共和国野生动物保护法〉等15部法律的修正案（草案）》作说明。

为深入贯彻习近平总书记在党的十九届三中全会上的重要讲话精神，全面落实党的十九届三中全会通过的《中共中央关于深化党和国家机构改革的决定》《深化党和国家机构改革方案》和十三届全国人大一次会议批准的《国务院机构改革方案》，确保行政机关依法履行职责，司法部会同国务院有关部门，经商中央编办、全国人大有关专门委员会、全国人大常委会法工委，起草了《〈中华人民共和国野生动物保护法〉等15部法律的修正案（草案）》。草案已经国务院同意，现将草案的主要内容说明如下。

一、关于《中华人民共和国野生动物保护法修正案（草案）》

野生动物保护法第五十二条规定，违反本法第三十五条规定，进出口野生动物或者其制品的，由海关、检验检疫、公安机关、海洋执法部门依照法律、行政法规和国家有关规定处罚。《国务院机构改革方案》将国家质量监督检验检疫总局的出入境检验检疫管理职责和队伍划入海关总署。据此，草案删去第五十二条中的“检验检疫”部门。同时，对第三十五条、第三十七条一并作相应修改。

二、关于《中华人民共和国计量法修正案（草案）》

计量法第三十条规定，本法规定的行政处罚，由县级以上地方人民政府计量行政部门决定；第二十六条规定的行政处罚，也可以由工商行政管理部门决定。《深化党和国家机构改革方案》将工商、质检等执法职责和队伍整合，组建市场监管综合执法队伍。据此，草案删去了第三十条中的“本法第二十六条规定的行政处罚，也可以由工商行政管理部门决定。”

三、关于《中华人民共和国大气污染防治法修正案（草案）》

大气污染防治法第五十二条第二款规定，工业、质量监督、工商行政管理等有关部门配合环境保护主管部门，对新生产、销售机动车和非道路移动机械大气污染物排放状况的监督检查。《国务院机构改革方案》将环境保护部的职责整合到生态环境部，将国家工商行政管理总局、国家质量监督检验检疫总局等部门的职责整合到国家市场监督管理总局。据此，草案将第五十二条中的“环境保护主管部门”修改为“生态环境主管部门”，“质量监督、工商行政管理等有关部门”修改为“市场监督管理等有关部门”。同时，将第四十条、第五十八条中的“质量监督部门”修改为“市场监督管理部门”，“环境保护主管部门”修改为“生态环境主管部门”；将第一百零三条中的“质量监督、工商行政管理部门按照职责”修改为“市场监督管理部门”；将第一百零七条中的“环境保护主管部门”修改为“生态环境主管部门”，“质量监督”修改为“市场监督管理”；将第一百一十条中的“工商行政管理部门”修改为“市场监督管理部门”；将第一百一十四条、第一百一十七条中的“环境保护等主管部门”修改为“生态环境等主管部门”；将第四条等43个条款中的“环境保护主管部门”一并修改为“生态环境主管部门”。

第一百零一条规定，由县级以上人民政府经济综合主管部门、出入境检验检疫机构按照职责对相关违法行为进行处罚。《国务院机构改革方案》将国家质量监督检验检疫总局的出入境检验检疫管理职责和队伍划入海关总署。据此，草案将第一百零一条中的“出入境检验检疫机构”修改为“海关”。同时，对第一百零四条、第一百一十条进行了相应修改。

此外，《深化党和国家机构改革方案》将环境保护和国土、农业、水利、海洋等部门相关污染防治和生态保护执法职责、队伍进行整合，统一实行生态环境保护执法。参照十三届全国人大常委会第五次会议通过的土壤污染防治法第七十七条规定，草案将第二十九条、第九十八条中的“环境保护主管部门及其委托的环境监察机构”修改为“生态环境主管部门及其环境执法机构”。

四、关于《中华人民共和国残疾人保障法修正案（草案）》

残疾人保障法第六十二条规定，违反本法规定，通过大众传播媒介或者其他方式贬低损害残疾人人格的，由文化、广播电影电视、新闻出版或者其他有关主管部门依据各自的职权责令改正，并依法给予行政处罚。《深化党和国家机构改革方案》将国家新闻出版广电总局的电影管理职责划入中央宣传部，中央宣传部对外加挂国家电影局牌子。据此，草案将第六十二条中的“广播电影电视”修改为“广播电视、电影”。

五、关于《中华人民共和国妇女权益保障法修正案（草案）》

妇女权益保障法第五十九条规定，违反本法规定，通过大众传播媒介或者其他方式贬低损害妇女人格的，由文化、广播电影电视、新闻出版或者其他有关部门依据各自的职权责令改正，并依法给予行政处罚。《深化党和国家机构改革方案》将国家新闻出版广电总局的电影管理职责划入中央宣传部，中央宣传部对外加挂国家电影局牌子。据此，草案将第五十九条中的“广播电影电视”修改为“广播电视、电影”。

六、关于《中华人民共和国广告法修正案（草案）》

广告法第六十八条规定，广播电台、电视台、报刊音像出版单位发布违法广告、变相发布广告，工商行政管理部门依照本法给予处罚的，应当通报新闻出版广电部门以及其他有关部门；新闻出版广电部门以及其他有关部门应当依法对负有责任的主管人员和直接责任人员给予处分；新闻出版广电部门以及其他有关部门未对广播电台、电视台、报刊音像出版单位进行处理的，对负有责任的主管人员和直接责任人员，依法给予处分。《深化党和国家机构改革方案》将国家新闻出版广电总局的新闻出版管理职责划入中央宣传部，中央宣传部对外加挂国家新闻出版署（国家版权局）牌子；《国务院机构改革方案》将国家工商行政管理总局等部门的职责整合到国家市场监督管理总局。据此，草案将第六十八条中的“新闻出版广电部门”修改为“新闻出版、广播电视主管部门”，“工商行政管理部门”修改为“市场监督管理部门”。同时，将第六条等22个条款中的“工商行政管理部门”一并修改为“市场监督管理部门”。

七、关于《中华人民共和国节约能源法修正案（草案）》

节约能源法第七十条规定，生产、进口、销售不符合强制性能源效率标准的用能产品、设备的，由产品质量监督部门责令停止生产、进口、销售，没收违法生产、进口、销售的用能产品、设备和违法所得，并处违法所得一倍以上五倍以下罚款；情节严重的，由工商行政管理部门吊销营业执照。《国务院机构改革方案》将国家工商行政管理总局、国家质量监督检验检疫总局等部门的职责整合到国家市场监督管理总局。据此，草案将第七十条中的“产品质量监督部门”修改为“市场监督管理部门”，删去“由工商行政管理部门”。同时，对第七十三条进行了相应修改，并将第十八条、第十九条、第七十四条中的“产品质量监督部门”一并修改为“市场监督管理部门”。

八、关于《中华人民共和国防沙治沙法修正案（草案）》

防沙治沙法第十八条第一款规定，农（牧）业行政主管部门负责指导、组织农牧民建设人工草场，控制载畜量，调整牲畜结构，改良牲畜品种，推行牲畜圈养和草场轮牧，消灭草原鼠害、虫害，保护草原植被，防止草原退化和沙化；第二款规定，农（牧）业行政主管部门负责制定载畜量的标准和有关规定。《国务院机构改革方案》将环境保护部的职责整合到生态环境部，将国家林业局的职责、农业部的草原监督管理职责整合到国家林业和草原局。考虑到草原载畜量的确定不仅关系到草原资源的合理利用，也关系到草业、畜牧业的健康可持续发展，离不开畜牧业主管部门的参与。据此，草案将第十八条中的“农（牧）业行政主管部门”修改为“林业草原行政主管部门会同畜牧业行政主管部门”。同时，将第五条、第十一条中的“林业”修改为“林业草原”，“环境保护”修改为“生态环境”。将第十四条、第十五条、第十六条、

第二十四条、第二十六条中的“林业”修改为“林业草原”。将第三十八条中的“林业、农（牧）业行政主管部门按照各自的职责”、第三十九条中的“农（牧）业、林业行政主管部门按照各自的职责”修改为“林业草原行政主管部门”。

九、关于《中华人民共和国农业机械化促进法修正案（草案）》

农业机械化促进法第十二条第一款规定，产品质量监督部门应当依法组织对农业机械产品质量的监督抽查；第二款规定，工商行政管理部门应当依法加强对农业机械产品市场的监督管理工作。《国务院机构改革方案》将国家工商行政管理总局、国家质量监督检验检疫总局等单位的职责整合到国家市场监督管理总局。据此，草案将第十二条第一款、第二款合并为一款，修改为：“市场监督管理部门应当依法组织对农业机械产品质量的监督抽查，加强对农业机械产品市场的监督管理工作。”

十、关于《中华人民共和国农产品质量安全法修正案（草案）》

农产品质量安全法第四十条规定，发生重大农产品质量安全事故时，农业行政主管部门应当及时通报同级食品药品监督管理部门。第五十二条第一款规定，本法第五十条第二款、第三款规定的处理、处罚，由工商行政管理部门决定。《国务院机构改革方案》将国家食品药品监督管理总局、国家工商行政管理总局等部门的职责整合到国家市场监督管理总局。据此，草案将第四十条中的“食品药品监督管理部门”修改为“市场监督管理部门”，将第五十二条中的“工商行政管理部门”修改为“市场监督管理部门”。

十一、关于《中华人民共和国循环经济促进法修正案（草案）》

循环经济促进法第五十一条规定，违反本法规定，对在拆解或者处置过程中可能造成环境污染的电器电子等产品，设计使用列入国家禁止使用名录的有毒有害物质的，由县级以上地方人民政府产品质量监督部门责令限期改正；逾期不改正的，处二万元以上二十万元以下的罚款；情节严重的，由县级以上地方人民政府产品质量监督部门向本级工商行政管理部门通报有关情况，由工商行政管理部门依法吊销营业执照。《国务院机构改革方案》将国家工商行政管理总局、国家质量监督检验检疫总局等部门的职责整合到国家市场监督管理总局。据此，草案将第五十一条中的“产品质量监督部门”修改为“市场监督管理部门”，删去“由县级以上地方人民政府产品质量监督部门向本级工商行政管理部门通报有关情况，由工商行政管理部门”。将第五十四条、第五十六条中的“工商行政管理部门”一并修改为“市场监督管理部门”。

十二、关于《中华人民共和国旅游法修正案（草案）》

旅游法第八十三条第二款规定，县级以上人民政府应当组织旅游主管部门、有关主管部门和工商行政管理、产品质量监督、交通等执法部门对相关旅游经营行为实施监督检查。《国务院机构改革方案》将国家工商行政管理总局、国家质量监督检验检疫总局等部门的职责整合到国家市场监督管理总局。据此，草案将第八十三条中的“工商行政管理、产品质量监督”修改为“市场监督管理”。同时，将第九十五条、第一百零四条中的“工商行政管理部门”一并修改为“市场监督管理部门”。

十三、关于《中华人民共和国环境保护税法修正案（草案）》

环境保护税法第二十二条规定，纳税人从事海洋工程向中华人民共和国管辖海域排放应税大气污染物、水污染物或者固体废物，申报缴纳环境保护税的具体办法，由国务院税务主管部门会同国务院海洋主管部门规定。《国务院机构改革方案》将国家海洋局的海洋环境保护职责整合到生态环境部。据此，草案将第二十二条中的“海洋主管部门”修改为“生态环境主管部门”。同时，将第十条、第十四条、第十五条、第二十条、第二十一条、第二十三条中的“环境保护主管部门”一并修改为“生态环境主管部门”。

十四、关于《中华人民共和国公共图书馆法修正案（草案）》

公共图书馆法第五十一条规定，出版单位未按照国家有关规定交存正式出版物的，由出版行政主管部门依照有关出版管理的法律、行政法规规定给予处罚。《深化党和国家机构改革方案》将国家新闻出版广电总局的新闻出版管理职责划入中央宣传部，中央宣传部对外加挂国家新闻出版署（国家版权局）牌子。据此，草案将第五十一条中的“出版行政主管部门”修改为“出版主管部门”。

十五、关于《中华人民共和国船舶吨税法修正案（草案）》

船舶吨税法第十一条规定，符合本法第九条第一款第五项至第九项、第十条规定的船舶，应当提供海事部门、渔业船舶管理部门或者出入境检验检疫部门等部门、机构出具的具有法律效力的证明文件或者使用关系证明文件，作为向海关申明免税或者延长吨税执照期限的依据和理由。《国务院机构改革方案》将国家质量监督检验检疫总局的出入境检验检疫管理职责和队伍划入海关总署。据此，草案删去第十一条中的“或者出入境检验检疫部门”。

草案和以上说明是否妥当，请审议。

全国人民代表大会常务委员会
关于专利等知识产权案件诉讼程序若干问题的决定

（2018年10月26日第十三届全国人民代表大会常务委员会第六次会议通过）

为了统一知识产权案件裁判标准，进一步加强知识产权司法保护，优化科技创新法治环境，加快实施创新驱动发展战略，特作如下决定：

一、当事人对发明专利、实用新型专利、植物新品种、集成电路布图设计、技术秘密、计算机软件、垄断等专业技术性较强的知识产权民事案件第一审判决、裁定不服，提起上诉的，由最高人民法院审理。

二、当事人对专利、植物新品种、集成电路布图设计、技术秘密、计算机软件、垄断等专业技术性较强的知识产权行政案件第一审判决、裁定不服，提起上诉的，由最高人民法院审理。

三、对已经发生法律效力的上述案件第一审判决、裁定、调解书，依法申请再审、抗诉等，适用审判监督程序的，由最高人民法院审理。最高人民法院也可以依法指令下级人民法院再审。

四、本决定施行满三年，最高人民法院应当向全国人民代表大会常务委员会报告本决定的实施情况。

五、本决定自2019年1月1日起施行。

《关于专利等案件诉讼程序若干问题的决定（草案）》的说明

——2018年10月22日在第十三届全国人民代表大会常务委员会第六次会议上

最高人民法院院长　周　强

委员长、各位副委员长、秘书长、各位委员：

根据会议安排，我就《关于专利等案件诉讼程序若干问题的决定（草案）》作如下说明。

一、建立国家层面知识产权案件上诉审理机制的意义

建立国家层面知识产权案件上诉审理机制，是十九届中央全面深化改革领导小组第一次会议的重大部署。近日，中央批准最高人民法院设立知识产权法庭，统一审理全国范围内专业技术性较强的专利等上诉案件，促进有关知识产权案件审理专门化、管辖集中化、程序集约化和人员专业化，为建设知识产权强国和世界科技强国提供有力司法服务和保障。

一是激励和保护科技创新的需要。创新是引领发展的第一动力，知识产权保护是激励创新的基本手段。中国特色社会主义已进入新时代，我国正在加快

建设创新型国家，迫切需要建立国家层面知识产权案件上诉审理机制，充分发挥知识产权审判激励和保护创新、促进科技进步和社会发展的职能作用。由最高人民法院知识产权法庭统一审理发明和实用新型专利等上诉案件，有利于优化科技创新法治环境，加快实施创新驱动发展战略，为实现“两个一百年”奋斗目标和建设知识产权强国、世界科技强国作出积极贡献。

二是营造良好营商环境的需要。习近平总书记深刻指出，产权保护特别是知识产权保护是塑造良好营商环境的重要方面，突出强调加强知识产权保护是完善产权保护制度最重要的内容，也是提高中国经济竞争力最大的激励。由最高人民法院知识产权法庭统一审理发明和实用新型专利等上诉案件，有利于加强对中外企业知识产权的依法平等保护，促进形成法治化、国际化、便利化的营商环境，更好服务国内国际两个大局，推动形成全面开放新格局。

三是统一和规范裁判尺度的需要。专利等案件具有特殊的专业性、高度的复杂性，新型疑难复杂案件众多。在现行审理体制下，知识产权有效性问题由行政无效程序解决，知识产权侵权纠纷由民事诉讼程序解决。而且，专利侵权二审案件分由各高级人民法院审理，存在裁判尺度不够统一的问题。将该类民事和行政案件的二审审理权限集中到最高人民法院知识产权法庭，实现知识产权效力判断与侵权判断两大诉讼程序和裁判标准的对接，有利于从机制上解决制约科技创新的裁判尺度不统一等问题，提高知识产权审判质量效率，加大知识产权司法保护力度，切实提升司法公信力。

二、草案的主要内容

（一）关于案件类型

从我国审判实践看，知识产权案件主要表现为专利、商标、著作权以及植物新品种、集成电路布图设计、技术秘密、垄断等。其中，专利又包括发明、实用新型和外观设计三种类型。最高人民法院知识产权法庭以审理发明和实用新型专利等技术类上诉案件为主，是因为这类案件的专业技术性更强，审理要求更高，与科技创新的关系更为密切，对于创新型国家建设的意义也更为重要。《关于专利等案件诉讼程序若干问题的决定（草案）》第一条、第二条关于案件类型的规定，综合考虑了我国法院的职能、编制、人员以及知识产权案件的分类、特点、数量等因素。最高人民法院将制定司法解释，进一步细化和明确知识产权法庭的管辖等问题。

（二）关于审级

依照现行法，专利等专业技术性较强的民事和行政第一审案件由中级人民法院管辖。不服中级人民法院第一审裁判的上诉案件，由其所在地的高级人民法院审理。因此，最高人民法院知识产权法庭设立后，集中审理专利等上诉案件，不服中级人民法院第一审裁判的上诉案件，不再由其所在地的高级人民法院审理，需要全国人民代表大会常务委员会通过决定明确上诉程序等问题。

（三）关于法律衔接

2014 年 8 月 31 日通过的《全国人民代表大会常务委员会关于在北京、上海、广州设立知识产权法院的决定》第四条规定，知识产权法院第一审判决、裁定的上诉案件，由知识产权法院所在地的高级人民法院审理。由于知识产权法院第一审判决、裁定既涉及本决定所称的发明和实用新型专利等案件，又涉及著作权、商标等案件，因此，《全国人民代表大会常务委员会关于专利等案件诉讼程序若干问题的决定》作为新法施行后，不服知识产权法院关于发明和实用新型专利等第一审判决、裁定而提起的上诉案件，由最高人民法院知识产权法庭审理；不服知识产权法院对其他案件的第一审判决、裁定而提起的上诉案件，仍由知识产权法院所在地的高级人民法院审理。

三、需要说明的情况

迄今为止，世界上 10 余个国家设立了知识产权专门法院，均采取“国家层面、高等法院、主审专利”的设立模式，设立目的主要在于，加强专利保护，解决因不同审理法院法律适用差异而导致的裁判冲突。

作为先行探索，最高人民法院设立知识产权法庭。三年后，最高人民法院在进一步总结试点工作的基础上，向全国人民代表大会常务委员会作出报告。

《关于专利等案件诉讼程序若干问题的决定（草案）》和以上说明是否妥当，请审议。

最高人民法院有关负责人就《关于专利等知识产权案件诉讼程序若干问题的决定》答记者问

2018 年 10 月 26 日，第十三届全国人大常委会第六次会议审议通过《关于专利等知识产权案件诉讼程序若干问题的决定》（以下简称《决定》）。值此《决定》公布之际，最高人民法院相关负责人就有关问题接受了记者的采访。

问：请介绍一下起草《决定》的背景情况。

答：2017 年 11 月，十九届中央全面深化改革领导小组第一次会议审议通过《关于加强知识产权审判领域改革创新若干问题的意见》，要求“研究建立国家层面知识产权案件上诉审理机制”。2018 年 2 月，中央全面深化改革委员会将此确定为 2018 年改革要点工作，由最高人民法院牵头落实。

最高人民法院党组高度重视，周强院长多次作出批示，要求坚决贯彻落实好中央决策部署。在总结知识产权司法实践经验的基础上，最高人民法院会同有关方面，就建立国家层面知识产权案件上诉审理机制进行了充分论证和反复研究，选择了在北京市设立最高人民法院知识产权法庭、统一审理全国范围内专利等上诉案件的改革思路，并形成有关方案稿，上报中央全面深化改革委员会，并获得批准。

根据改革要求，需要对民事诉讼法、行政诉讼法和关于在北京、上海、广州设立知识产权法院的决定等法律规定的上诉、再审等诉讼程序有针对性地作出适当调整。为确保改革依法有序推进，最高人民法院起草了《关于专利等案件诉讼程序若干问题的决定（草案）》，并提请第十三届全国人大常委会第六次会议审议。

问：由最高人民法院统一审理专利等专业技术性较强的民事、行政上诉案

件有何意义？

答：最高人民法院院长周强就《决定》草案向十三届全国人大常委会六次会议作说明时指出，由最高人民法院统一审理专利等专业技术性较强的民事、行政上诉案件，促进有关知识产权案件审理专门化、管辖集中化、程序集约化和人员专业化，为建设知识产权强国和世界科技强国提供有力司法服务和保障。一是有利于激励和保护科技创新。创新是引领发展的第一动力，知识产权保护是激励创新的基本手段。中国特色社会主义已进入新时代，我国正在加快建设创新型国家，迫切需要建立国家层面知识产权案件上诉审理机制，充分发挥知识产权审判激励和保护创新、促进科技进步和社会发展的职能作用。由最高人民法院知识产权法庭统一审理发明和实用新型专利等上诉案件，有利于优化科技创新法治环境，加快实施创新驱动发展战略，为实现“两个一百年”奋斗目标和建设知识产权强国、世界科技强国作出积极贡献。二是有利于营造良好营商环境。习近平总书记深刻指出，产权保护特别是知识产权保护是塑造良好营商环境的重要方面，突出强调加强知识产权保护是完善产权保护制度最重要的内容，也是提高中国经济竞争力最大的激励。由最高人民法院知识产权法庭统一审理发明和实用新型专利等上诉案件，有利于加强对中外企业知识产权的依法平等保护，促进形成法治化、国际化、便利化的创新环境和营商环境，更好服务国内国际两个大局，推动形成全面开放新格局。三是有利于统一和规范裁判尺度。专利等案件具有特殊的专业性、高度的复杂性，新型疑难复杂案件众多。在现行审理体制下，知识产权有效性问题由行政无效程序解决，知识产权侵权纠纷由民事诉讼程序解决。而且，专利侵权二审案件分由各高级人民法院审理，存在裁判尺度不够统一的问题。将该类民事和行政案件的二审审理权限集中到最高人民法院知识产权法庭，实现知识产权效力判断与侵权判断两大诉讼程序和裁判标准的对接，有利于从机制上解决制约科技创新的裁判尺度不统一等问题，提高知识产权审判质量效率，加大知识产权司法保护力度，切实提升司法公信力。

问：《决定》第二条所称行政案件，具体包括哪些类型？

答：《决定》第二条所称行政案件，包括不服北京知识产权法院关于专利、植物新品种、集成电路布图设计等三类授权确权行政案件而提起的上诉案件，以及不服高级人民法院、有关中级人民法院、知识产权法院关于专利、植物新品种、集成电路布图设计、技术秘密、计算机软件、垄断等其他行政案件而提起的上诉案件。最高人民法院统一审理上述行政案件，将进一步发挥知识产权司法保护的主导作用。

问：为什么《决定》第一条没有规定外观设计专利？

答：外观设计专利的技术性不如发明专利、实用新型专利那么强。综合考虑案件数量、审判队伍、工作延续性等因素，《决定》第一条未涉及外观设计专利。《决定》施行以后，对有关中级人民法院、知识产权法院所作外观设计专利民事一审裁判提起上诉的案件，仍由一审法院所在地的高级人民法院审理。但是，《决定》第二条所称专利，包括发明专利、实用新型专利和外观设计专利三种类型。

问：《决定》施行以后，最高人民法院对专利等上诉案件的裁判就是生效裁判，如何对其进行审判监督？

答：如果当事人认为最高人民法院（知识产权法庭）作出的二审裁判有错误，可以依照现行法向最高人民法院申请再审，此类案件将由最高人民法院知识产权审判庭审理。这与目前最高人民法院的民事和行政上诉案件由各民事、行政审判庭审理，再审和抗诉案件由审判监督庭审理的机制，是一致的。最高人民法院正在起草有关最高人民法院知识产权法庭的司法解释，进一步细化和明确案件受理、审判监督程序、审判权运行等问题。

问：《决定》施行以后，最高人民法院将审理更多的专利等上诉案件，这对最高审判机关的职能定位会产生什么影响？

答：审理上诉案件是宪法和人民法院组织法赋予最高人民法院的重要职责之一。专利等专业技术性较强的知识产权案件，事关国内国际两个大局，对于知识产权强国和世界科技强国建设具有重要意义，由最高人民法院统一审理，有利于进一步统一案件裁判标准，加大知识产权司法保护力度。而且，将原由高级人民法院审理的发明专利、实用新型专利等上诉案件集中到最高人民法院知识产权法庭审理，只是对部分专利等少量上诉案件的二审法院层级作些微调。最高人民法院的职能定位、两审终审制度、法院组织体系均未因此而改变。

问：能否透露一些最高人民法院知识产权法庭的筹建情况？

答：最高人民法院正在积极协调有关部门，全力推进知识产权法庭的组建工作，制定了细化方案，明确了时间表和任务书，建立了工作台账，力争在2018年底前挂牌办公。

[司法解释、司法指导性文件与解读]

指导案例82号《王碎永诉深圳歌力思服饰股份有限公司、杭州银泰世纪百货有限公司侵害商标权纠纷案》的理解与参照

——恶意取得并行使商标权的行为不受法律保护

最高人民法院案例指导工作办公室

2017年3月6日，最高人民法院首次以专题形式发布了第16批指导性案例（知识产权专题），包括第78号至第87号共10件指导性案例，总结了知识产权审判实践中普遍的疑难复杂法律适用问题，有利于进一步明确裁判规则，统一司法尺度。其中，第82号为《王碎永诉深圳歌力思服饰股份有限公司、杭州银泰世纪百货有限公司侵害商标权纠纷案》。为了正确理解和准确参照适用该指导案例，现对该指导案例的选编过程、裁判要点、参照适用等有关情况予以解释和说明。

一、选编过程及指导意义

该案为最高人民法院提审审理的案件，涉及在侵害商标权行为判断的过程中，对诚实信用原则的运用和权利滥用行为的认定。本案曾被评为2014年中国法院50个典型知识产权案例之一。经最高人民法院民三庭审判长联席会议

讨论研究，建议推选为指导性案例。2016年10月28日，最高人民法院案例指导工作办公室收到该案例后，对其进行初审、修改。2017年1月22日，研究室室务会经讨论，同意推荐该案例，建议提交最高人民法院民专会予以讨论。2月21日，该案例经民专会第261次会议讨论通过。3月6日，最高人民法院以法〔2017〕53号文件将该案例列在第16批指导案例予以发布。

该指导案例旨在明确当事人违反诚实信用原则，损害他人合法权益，扰乱市场正当竞争秩序，恶意取得、行使商标权并主张他人侵权的，人民法院应当以构成权利滥用为由，判决对其诉讼请求不予支持。这充分体现了人民法院在商标审判领域倡导诚实信用原则的司法导向，对净化市场环境、规范市场竞争秩序、遏制商标恶意抢注现象，具有重要的价值导向作用。

二、关于本案例的相关情况

深圳歌力思服装实业有限公司成立于1999年6月8日。2008年12月18日，该公司通过受让方式取得第1348583号“歌力思”商标，该商标核定使用于第25类的服装等商品之上，核准注册于1999年12月。2009年11月19日，该商标经核准续展注册，有效期自2009年12月28日至2019年12月27日。深圳歌力思服装实业有限公司还是第4225104号“ELLASSAY”的商标注册人。该商标核定使用商品为第18类的（动物）皮；钱包；旅行包；文件夹（皮革制）；皮制带子；裘皮；伞；手杖；手提包；购物袋。注册有效期限自2008年4月14日至2018年4月13日。2011年11月4日，深圳歌力思服装实业有限公司更名为深圳歌力思服饰股份有限公司（以下简称歌力思公司，即本案一审被告人）。2012年3月1日，上述“歌力思”商标的注册人相应变更为歌力思公司。

一审原告人王碎永于2011年6月申请注册了第7925873号“歌力思”商标，该商标核定使用商品为第18类的钱包、手提包等。王碎永还曾于2004年7月7日申请注册第4157840号“歌力思及图”商标。后因北京市高级人民法院于2014年4月2日作出的二审判决认定，该商标损害了歌力思公司的关联企业歌力思投资管理有限公司的在先字号权，因此不应予以核准注册。

自2011年9月起，王碎永先后在杭州、南京、上海、福州等地的“EL-

LASSAY”专柜，通过公证程序购买了带有“品牌中文名：歌力思，品牌英文名：ELLASSAY”字样吊牌的皮包。2012年3月7日，王碎永以歌力思公司及杭州银泰世纪百货有限公司（以下简称杭州银泰公司）生产、销售上述皮包的行为构成对王碎永拥有的“歌力思”商标、“歌力思及图”商标权的侵害为由，提起诉讼。

杭州市中级人民法院于2013年2月1日作出（2012）浙杭知初字第362号民事判决，认为歌力思公司及杭州银泰公司生产、销售被诉侵权商品的行为侵害了王碎永的注册商标专用权，判决歌力思公司、杭州银泰公司承担停止侵权行为、赔偿王碎永经济损失及合理费用共计10万元及消除影响。歌力思公司不服，提起上诉。浙江省高级人民法院于2013年6月7日作出（2013）浙知终字第222号民事判决，驳回上诉、维持原判。歌力思公司及王碎永均不服，向最高人民法院申请再审。最高人民法院裁定提审本案，并于2014年8月14日作出（2014）民提字第24号判决，撤销一审、二审判决，驳回王碎永的全部诉讼请求。

据统计，2016年中国的商标申请量达369.1万件，已经连续15年位居世界第一。在拥有庞大申请量的同时，以违反诚实信用原则抢注他人商标、待价而沽，并恶意起诉他人的现象却屡见不鲜、令人堪忧，社会公众对商标领域的不诚信行为更是诟病已久。本案是人民法院在商标民事审判领域大力倡导诚实信用原则、制止滥用商标权行为的典型案例。在原告虽仍享有商标权，但现有证据显示其取得和行使权利的行为明显缺乏正当性基础的情况下，人民法院没有拘泥于机械地对比商标标识是否近似，而是在综合考虑原告的权利基础、被诉侵权行为等多项因素的情况下，驳回原告的诉讼请求，实现了法律效果与社会效果的有机统一。

三、裁判要点的理解与说明

该指导案例的裁判要点确认：当事人违反诚实信用原则，损害他人合法权益，扰乱市场正当竞争秩序，恶意取得、行使商标权并主张他人侵权的，人民法院应当以构成权利滥用为由，判决对其诉讼请求不予支持。现围绕与该裁判要点相关的问题逐一解释和说明。

（一）关于诚信信用原则对侵害商标权案件的价值指引作用

民事诉讼法第十三条规定，民事诉讼应当遵循诚实信用原则。2013 年修正的商标法第十三条亦明确规定，申请注册和使用商标，应当遵循诚实信用原则。具体而言，诚实信用原则是一切市场活动参与者所应遵循的基本准则。一方面，它鼓励和支持人们通过诚实劳动积累社会财富和创造社会价值，并保护在此基础上形成的财产性权益，以及基于合法、正当的目的支配该财产性权益的自由和权利；另一方面，它又要求人们在市场活动中讲究信用、诚实不欺，在不损害他人合法利益、社会公共利益和市场秩序的前提下追求自己的利益。民事诉讼活动同样应当遵循诚实信用原则。一方面，它保障当事人有权在法律规定的范围内行使和处分自己的民事权利和诉讼权利；另一方面，它又要求当事人在不损害他人和社会公共利益的前提下，善意、审慎地行使自己的权利。任何违背法律目的和精神，以损害他人正当权益为目的，恶意取得并行使权利、扰乱市场正当竞争秩序的行为均属于权利滥用，其相关权利主张不应得到法律的保护和支持。

在民事诉讼法已经对诚实信用原则作出明确规定的情况下，商标法在第三次修改的过程中，又再次强调了诚实信用原则对商标注册与使用行为的重要价值指引作用，无疑是对目前社会公众反映比较强烈的、以“囤积居奇”等方式抢注商标、滥用商标权现象的一种积极回应。我国遵循商标的先申请注册制度，制度本身对于提高商标注册效率、稳定法律秩序都具有积极的作用。但注册制度可能导致的问题是，没有实际使用行为或使用需求的申请人，以先申请的方式抢先注册可能损害他人合法权益的商标，并在获得商标权后待价而沽，或以对在先权益享有者提起诉讼的方式不正当地行使商标权。

本案正是人民法院在商标审判领域贯彻诚实信用原则的一个创新性案例，也是积极回应社会反映强烈的不诚信获得和行使商标权行为的典型案件。从基本案情看，本案只是一起普通的侵害商标权案件。原告是核定使用在“皮包”等商品上的“歌力思”商标的权利人，被告歌力思公司在其销售的皮包商品的吊牌上使用了“歌力思”文字。如果仅从 2001 年修正的商标法第五十二条第一项规定的字面含义上分析，被告的行为无疑已经构成对原告商标权的侵害，严格意义上而言，一审、二审法院的裁判遵循了条文本身的规定。但进入再审程序后，最高人民法院提审后改判驳回原告的全部诉讼请求，主要是基于以下几方面的考虑。

第一，原告的商标注册和使用行为是否有违诚实信用原则。根据法院已经查明的事实，歌力思公司及其关联企业最早将“歌力思”作为企业字号使用的时间为1996年，最早在服装等商品上取得“歌力思”注册商标专用权的时间为1999年。经长期使用和广泛宣传，作为企业字号和注册商标的“歌力思”已经具有了较高的市场知名度，歌力思公司对前述商业标识享有合法的在先权利。其次，歌力思公司在本案中的使用行为系基于合法的权利基础，使用方式和行为性质均具有正当性。从销售场所来看，歌力思公司对被诉侵权商品的展示和销售行为均完成于杭州银泰公司的歌力思专柜，专柜通过标注歌力思公司的“ELLASSAY”商标等方式，明确表明了被诉侵权商品的提供者。在歌力思公司的字号、商标等商业标识已经具有较高的市场知名度，而王碎永未能举证证明其“歌力思”商标同样具有知名度的情况下，歌力思公司在其专柜中销售被诉侵权商品的行为，不会使普通消费者误认该商品来自于王碎永。从歌力思公司的具体使用方式来看，被诉侵权商品的外包装、商品内的显著部位均明确标注了“ELLASSAY”商标，而仅在商品吊牌之上使用了“品牌中文名：歌力思”的字样。由于“歌力思”本身就是歌力思公司的企业字号，且与其“ELLASSAY”商标具有互为指代关系，故歌力思公司在被诉侵权商品的吊牌上使用“歌力思”文字来指代商品生产者的做法并无明显不妥，不具有攀附王碎永“歌力思”商标知名度的主观意图，亦不会为普通消费者正确识别被诉侵权商品的来源制造障碍。在此基础上，杭州银泰公司销售被诉侵权商品的行为亦不为法律所禁止。

第二，歌力思公司本身的使用行为是否有违诚实信用原则。“歌力思”商标由中文文字“歌力思”构成，与歌力思公司在先使用的企业字号及在先注册的“歌力思”商标的文字构成完全相同。“歌力思”本身为无固有含义的臆造词，具有较强的固有显著性，依常理判断，在完全没有接触或知悉的情况下，因巧合而出现雷同注册的可能性较低。作为地域接近、经营范围关联程度较高的商品经营者，王碎永对“歌力思”字号及商标完全不了解的可能性较低。在上述情形之下，王碎永仍在手提包、钱包等商品上申请注册“歌力思”

商标，其行为难谓正当。王碎永以非善意取得的商标权对歌力思公司的正当使用行为提起的侵权之诉，构成权利滥用。

诚如判决中已经分析的，无论是从双方标识的知名度、被告的使用场所、使用方式等方面来看，都很难认定被告具有攀附原告知名度的主观恶意，其使用行为也有其权利来源上的正当性基础。因此，综合以上多方面因素的考虑，最高人民法院并未仅仅停留在法律规定的字面意义去对原被告的行为进行分析判断，而是从权利基础的正当性、使用行为的正当性等多个角度作出了综合考量，从而在最大程度上探寻了实体公正。

（二）关于民事行政交叉案件争议的实质性解决问题

在我国知识产权法律制度的框架之下，设置了商标和专利的确权制度，在符合一定条件的情况下，当事人可以启动相关的行政和司法程序，对已经授予的专利和商标权的效力提出挑战。由此带来的结果是，在很多专利和商标的侵权案件中，启动确权程序以期从根本上推翻原告的权利基础，成为被告的一项重要的诉讼策略。基于“本案须以另案的审理结果为依据”是我国民事诉讼法第一百五十条明确规定的中止事由，加之实践中专利权和商标权最终被无效的情况并不鲜见，因此，一旦被告提出无效申请并请求法院中止侵权案件的审理，法院即面临是否中止审理的两难境地：一旦中止，由于确权程序的复杂和漫长，侵权案件的审理可能被搁置多年；如不中止，又将面临认定侵权后权利又被确认无效的风险。

对此，最高人民法院于2016年7月全国法院知识产权审判工作座谈会中即明确提出，进一步发挥司法在知识产权保护中发挥的主导作用的重要环节，就是要进一步处理好知识产权民事程序和行政程序的关系。既要依法保障权利人的合法权益，又要注意提高民事案件的审理效率，致力于实质解决纠纷，确保当事人及早获得公正结果。合理强化特定情形下民事程序的优先和决定地位，促进民行交织的知识产权民事纠纷的实质性解决，保障民事案件处理的公正和效率，并对后续行政纠纷的正确解决形成引导。对于违反诚实信用原则或者侵犯他人合法在先权利而取得的知识产权，权利人指控他人侵权的，可以根据案件具体情况以构成权利滥用为由对其诉请不予支持①。

本案中，双方当事人之间就涉案商标也存在商标确权纠纷，但法院并未消极地观望和等待确权案件的审理结果，而是在综合考虑本案和部分生效判决查明事实的基础上，直接认定原告王碎永注册涉案商标的行为难谓正当，具体理由在于：涉案“歌力思”商标由中文文字“歌力思”构成，与歌力思公司在先使用的企业字号及在先注册的“歌力思”商标的文字构成完全相同。“歌力思”本身为无固有含义的臆造词，具有较强的固有显著性，依常理判断，在完全没有接触或知悉的情况下，因巧合而出现雷同注册的可能性较低。作为地域接近、经营范围关联程度较高的商品经营者，王碎永对“歌力思”字号及商标完全不了解的可能性较低。在上述情形之下，王碎永仍在手提包、钱包等商品上申请注册“歌力思”商标，其行为难谓正当。王碎永以非善意取得的商标权对歌力思公司的正当使用行为提起的侵权之诉，构成权利滥用。

司法在知识产权保护中发挥主导作用，是司法本质属性和知识产权保护规律的内在要求。本案的裁判，以诚实信用原则为价值指引，对违反诚实信用原则取得知识产权的权利人提起的诉讼，充分考虑了案件当中的具体情况，最终以沟通权利滥用为由对其诉讼主张予以驳回。充分体现了司法裁判的价值引导作用，提高了社会公众对裁判的认同和信赖。

四、参照适用时应注意的问题

在参照适用本案例时，还需要注意以下问题。

一是要坚持诚实信用原则的指引，也要尊重商标法律制度的基本价值。根据2013年修正的商标法第三十二条的规定，申请商标不得损害他人现有的在先权利，也不得以不正当手段抢先注册他人已经使用并有一定影响的商标。在商标民事侵权案件中，违反诚实信用原则或者侵犯他人合法在先权利而取得的知识产权，权利人指控他人侵权的，可以根据案件具体情况，以构成权利滥用为由对其诉讼请求不予支持。在商标确权行政程序中，损害他人在先权利的商

① 陶凯元：《充分发挥司法保护知识产权的主导作用—为建设知识产权强国和世界科技强国提供坚强有力的司法保障与服务——在全国法院知识产权审判工作座谈会暨全国法院知识产权审判“三合一”推进会上的讲话》，2016年7月7日。

标，即使获得注册，仍可能被在后启动的无效审查及诉讼程序予以撤销。但需要注意的是，在商标民事案件审理过程中，人民法院尚不能对商标权的法律效力直接进行审查或宣告商标权无效。本案系基于权利人违反诚实信用原则、滥用权利的行为，而于个案中作出驳回其诉讼请求的认定，而并未直接对商标权的效力作出审查和判断。

二是要坚持在侵害商标权案件中贯彻比例协调原则。2016 年 7 月，最高人民法院明确提出了“司法主导、严格保护、分类施策、比例协调”的知识产权司法政策。其中，比例协调原则的重要内涵，就是要使知识产权的保护范围和强度与其创新和贡献程度相协调。对此，最高人民法院在“奥普”商标侵权案[①]中明确指出，基于知识产权保护激励创新的目的及比例原则，知识产权的保护范围和强度，要与特定知识产权的创新和贡献程度相适应。对于商标权的保护强度，应当与其应有的显著性和知名度相适应。因此，在尊重商标注册制度基本价值的前提下，考虑到先申请原则可能引发的商标抢注、符号圈地等现象，应当充分认识到，商标法所要保护的是商标所具有的识别和区分商品及服务来源的功能，而非仅是注册行为所固化的商标标识本身。因此，在个案审查和裁判的过程中，应避免机械地将商标标识本身的近似作为认定侵权与否的决定性因素，而应综合考虑被诉侵权行为是否损害了涉案商标的识别和区分功能，是否因此而导致市场混淆的结果。此外，在缺乏明确法律依据的情况下，亦应避免通过引入尚存争议的域外概念，突破比例原则而不适当地扩张商标禁用权的范围。

（执笔人：最高人民法院民事审判第三庭　佟姝

最高人民法院案例指导工作办公室　李兵）

① 参见最高人民法院（2016）最高法民再216号民事判决书。

指导案例83号《威海嘉易烤生活家电有限公司诉永康市金仕德工贸有限公司、浙江天猫网络有限公司侵害发明专利权纠纷案》的理解与参照

——网络服务提供者未对权利人有效投诉及时采取合理措施的应当承担相应的侵权责任

最高人民法院案例指导工作办公室

2017年3月6日，最高人民法院首次以专题形式发布了第16批指导性案例（知识产权专题），包括第78号至第87号共10件指导性案例，总结了知识产权审判实践中普遍的疑难复杂法律适用问题，有利于进一步明确裁判规则，统一司法尺度。其中，第83号为《威海嘉易烤生活家电有限公司诉永康市金仕德工贸有限公司、浙江天猫网络有限公司侵害发明专利权纠纷案》。为了正确理解和准确参照适用该指导案例，现对该指导案例的选编过程、裁判要点、参照适用等有关情况予以解释和说明。

一、选编过程及指导意义

该案一审由浙江省金华市中级人民法院于2015年8月12日作出（2015）浙金知民初字第148号民事判决后，被告浙江天猫网络有限公司不服，提起上诉。浙江省高级人民法院于2015年11月17日作出（2015）浙知终字第186号生效判决。本案曾被评为2015年中国法院十大知识产权案件，经最高人民法院民三庭审判长联席会议讨论，建议作为指导性案例推荐。2016年10月28

日，最高人民法院案例指导工作办公室收到该案例后，对其进行初审、修改。2017年1月22日，研究室室务会经讨论，同意推荐该案例，建议提交最高人民法院民专会予以讨论。2月21日，民专会第261次会议讨论通过了该案例。3月6日，最高人民法院以法〔2017〕53号文件将该案例列在第16批指导案例予以发布。

该指导案例旨在明确网络平台服务中，被侵权人依据侵权责任法向网络服务提供者发出要求其采取必要措施的通知，包含被侵权人身份情况、权属凭证、侵权人网络地址、侵权事实初步证据等内容的，即属有效通知。网络服务提供者自行设定的投诉规则，不得影响权利人依法维护其自身合法权利。上述必要措施包括但并不限于删除、屏蔽、断开链接。随着电子商务产业的蓬勃发展，网店销售侵权产品的事件也频频发生，正确界定网络服务提供者的知识产权侵权责任，既关系到电商平台本身的健康有序发展，也关系到权利人（投诉人）与被投诉人之间的利益平衡。此案例对于类似案件侵权责任的正确认定，多方利益主体权利的平衡具有明显的指导价值。

二、关于本案例的相关情况

近年来，互联网的发展已经渗透到我国社会的各个方面，成为极其复杂的生态系统，多种利益相关者在系统中共生共存。以“互联网+”为先导的新经济形态给知识产权司法保护带来了前所未有的新挑战。网络服务提供者知识产权侵权责任界定即为诸多疑难问题中的典例。侵权责任法第三十六条第二款规定，网络用户利用网络服务实施侵权行为的，被侵权人有权通知网络服务提供者采取删除、屏蔽、断开链接等必要措施。网络服务提供者接到通知后未及时采取必要措施的，对损害的扩大部分与该网络用户承担连带责任。实践中，网络服务提供者往往通过制定有关规则处理网络交易中的纠纷，充分发挥了行业自治的功能，较为有效地解决了大量的网络交易纠纷。但其纠纷解决规则往往带有格式条款的性质，解释不当便很容易沦为自我保护的工具，可能影响其他市场主体依法维权。例如在本案例中，被告天猫公司即根据企业自行制定的规则对嘉易烤公司投诉材料作出审核不通过的处理，其在回复中表明审核不通过原因是：烦请在实用新型、发明的侵权分析对比表表二中详细填写被投诉商品落入贵方提供的专利权利要求的技术点，建议采用图文结合的方式一一指出

（需注意，对比的对象为卖家发布的商品信息上的图片、文字），并提供购买订单编号或双方会员名。天猫公司作为网络服务提供者自行设定的投诉规则，是否符合侵权责任法的有关规定，是否限制了权利人依法维护其自身合法权利就成为了本案争议的焦点问题。因此，如何有效处理网络服务提供者制定的自治规则与法律法规的关系，学界和实务界对上述问题仍存在着较大的争议。本案对于该条文的适用进行了有益的探索。

三、裁判要点的理解与说明

该指导案例的裁判要点确认：（1）网络用户利用网络服务实施侵权行为，被侵权人依据侵权责任法向网络服务提供者所发出的要求其采取必要措施的通知，包含被侵权人身份情况、权属凭证、侵权人网络地址、侵权事实初步证据等内容的，即属有效通知。网络服务提供者自行设定的投诉规则，不得影响权利人依法维护其自身合法权利。（2）侵权责任法第三十六条第二款所规定的网络服务提供者接到通知后所应采取的必要措施包括但并不限于删除、屏蔽、断开链接。“必要措施”应遵循审慎、合理的原则，根据所侵害权利的性质、侵权的具体情形和技术条件等来加以综合确定。现围绕与该裁判要点相关的问题逐一解释和说明。

1. 天猫公司投诉规则的效力。侵权责任法第三十六条第二款所规定网络服务提供者就其本质而言属平等的民事主体，相对于其他民事主体而言，并不享有法外特权，也不承担法外义务。本案中，天猫公司重要的抗辩理由之一即为嘉易烤公司提交的投诉材料明显不符合其公司的格式要求。网络服务提供者所确定的投诉规则，系单方制定并向社会公布，必须从民法的视野来审视权利人维权是否应该受制于网络服务提供者所确定的投诉规则。显然此类投诉规则只体现了网络服务提供者的单方意思表示，缺乏相关权利人的合意，并不必然对权利人维权产生当然的法律约束力。如果商事主体制定的规则对权利人更有利，则权利人当然可以按照商事主体的规则进行投诉；但如果商事主体制定的规则对权利人而言比法律的规定更加严格，则权利人只需按照法律的规定进行维权即可。本案中，天猫公司自身制定的投诉规则比法律规定更加严格，则嘉易烤公司只需按照法律规定的投诉规定进行投诉即可，这样才有利于保护权利人的合法权益。本案中，网络服务提供者就其本质而言属普通的商事主体，本案中，天猫公司所提抗辩理由之一即为嘉易烤公司提交的投诉材料明显不符合其公司的格式要求。

2. 有效“通知”的认定。侵权责任法第三十六条第二款所涉及的“通知”应该包括权利人身份情况、权属凭证、证明侵权事实的初步证据以及指向明确的被诉侵权人网络地址等材料。权利人向网络服务提供者发出有效通知是认定网络服务提供者是否存在过错及应否就危害结果的不当扩大承担连带责任的条件。“通知”是指被侵权人就他人利用网络服务商的服务实施侵权行为的事实向网络服务提供者所发出的要求其采取必要技术措施，以防止侵权行为进一步扩大的法律行为。通知内容应当明确包括权利人身份情况、权属凭证、证明侵权事实的初步证据以及指向明确的被诉侵权人网络地址等材料。符合上述条件的，即应视为有效通知。嘉易烤公司涉案投诉通知符合侵权责任法规定的“通知”的基本要件，属有效通知。

3. 网络服务提供者采取的措施的必要性、及时性和合理性认定。侵权责任法第三十六条第二款所规定的网络服务提供者接到通知后所应采取必要措施包括但并不限于删除、屏蔽、断开链接。对于网络服务提供者采取的措施的必要性、及时性和合理性认定，一方面要考量被侵害权利的性质、侵权的具体情形和技术条件等涉案客观因素，另一方面要兼顾利益平衡；既要注重知识产权严格保护的理念，又不能损及网络用户和网络服务提供者的合法权益。

不同属性的知识产权权种，其权利边界及保护范围界定的难易程度不一，网络服务提供者在接到权利人维权投诉的通知后所应采取的必要措施也应有所区别。就著作权侵权行为而言，相当部分的侵权行为是显而易见的。在此情形下，要求网络服务提供者在接到通知后采取删除、屏蔽、断开链接措施既是必要的，也是合理的。但是，就专利侵权行为而言，网络服务提供者基于对专利侵权判断的主观识别能力、侵权投诉胜诉概率以及利益平衡等因素的考量，在难以识别行为性质的情况下，并不必然要求其在接受投诉后对被投诉商品立即采取删除、屏蔽和断开链接等措施。其采取必要措施时应当秉承审慎、合理原则，以免损害被投诉人的合法权益。值得指出的是，人民法院在采取作出删除、屏蔽、断开链接措施等行为禁令决定时尚且需要经过相关的司法审查，如果绝对要求网络服务提供者在接到投诉以后一律采取删除、屏蔽、断开链接措施并不可取。如前所述，网络服务者毕竟是平等的民事主体而非行政执法者或者司法裁判者。而且“必要措施”的绝对理解和片面解释会助长网络不正当竞争行为与恶意投诉行为，损及立法原意。

虽然在网络服务提供者难以识别被投诉行为性质的情况下，并不必然要求其在接受投诉后对被投诉商品立即采取删除、屏蔽和断开链接措施，但是这并不意味着可以对权利人的有效维权投诉置之不理，否则权利人投诉行为将失去意义。将权利人的维权有效投诉通知材料转达被投诉人并通知被投诉人申辩当属网络服务提供者应当采取的必要措施之一。如果网络服务提供者未履行上述基本义务，而导致被投诉人未收到任何警示，并最终造成损害后果的扩大，则应承担相应的侵权责任。

四、参照适用时应注意的问题

需要说明的是，网络环境下的知识产权保护既要坚持“严格保护”的价值导向，又要注重“分类施策、比例协调”，实现激励创新的目的。界定特定民事主体的注意义务和法律责任，应该将该主体放置于其实际参与的具体民事行为模式，或者说微观的市场特定模式下加以考量。电子商务是互联网环境下的新型市场交易模式，在界定该领域网络服务提供者知识产权注意义务和法律责任时，司法裁判的价值导向不是削弱这种互联网＋模式的正能量，而是应该引导创新商业模式健康有序发展，激活电子商务知识产权的自我净化机制。

本案在裁判过程中将网络服务提供者的主体属性、权利人维权通知的效力识别、特定种类知识产权权利属性与特征、网络服务提供者对侵权判断的主观识别能力以及所应采取的“必要措施”的合理性等整体纳入裁判视野。在坚持“严格保护”价值导向的同时，充分尊重电子商务市场自生性规则，在不同规则选择难以取舍时，优先选择对于各方利益有最大容忍度和包容度的规则，实现了法律效果与包括市场效果在内的社会效果统一，为同类案件的处理提供了可资借鉴的规则。

（执笔人：浙江省高级人民法院　应向健、杨治

最高人民法院案例指导工作办公室　石磊）

指导案例84号《礼来公司诉常州华生制药有限公司侵害发明专利权纠纷案》的理解与参照

——被诉侵权药品制备工艺的技术事实查明及确定

最高人民法院案例指导工作办公室

2017年3月6日，最高人民法院首次以专题形式发布了第16批指导性案例（知识产权专题），包括第78号至第87号共10件指导性案例，总结了知识产权审判实践中普遍的疑难复杂法律适用问题，有利于进一步明确裁判规则，统一司法尺度。其中，第84号为《礼来公司诉常州华生制药有限公司侵害发明专利权纠纷案》。为了正确理解和准确参照适用该指导案例，现对该指导案例的选编过程、裁判要点、参照适用等有关情况予以解释和说明。

一、选编过程及指导意义

本案由江苏省高级人民法院一审，最高人民法院二审，首次指派技术调查官参与诉讼，于2015年4月22日全国知识产权宣传周期间公开开庭审理，2016年6月16日公开宣判。本案是最高人民法院第一件技术调查官出庭并庭审直播的案件，所涉问题技术性较强，文书论证说理充分，具有较强的典型性和指导作用。经最高人民法院民三庭审判长联席会议讨论，建议推荐为指导性案例。2016年10月28日，最高人民法院案例指导工作办公室收到该案例后，对其进行初审、修改。2017年1月22日，研究室室务会经讨论，原则同意推荐该案例，并要求就裁判要点和该案例社会效果、国际影响等方面再征求民三庭意见。该案例经过修改和评估后提交民专会讨论。2 月 21 日，该案例经最高人民法院民专会第 261 次会议讨论原则通过，民专会提出调整裁判要点，加强技术调查官方面内容，缩减文字篇幅等修改意见。此案例经民三庭、研究室修改后报经院领导审核签发。3 月 6 日，最高人民法院以法〔2017〕53 号文件将该案例列在第 16 批指导案例予以发布。

该指导案例旨在明确药品制备方法专利侵权纠纷中，在无其他相反证据情形下，应当推定被诉侵权药品在药监部门的备案工艺为其实际制备工艺；有证据证明被诉侵权药品备案工艺不真实的，应当充分审查被诉侵权药品的技术来源、生产规程、批生产记录、备案文件等证据，依法确定被诉侵权药品的实际制备工艺。另外，对于被诉侵权药品制备工艺等复杂的技术事实，可以综合运用技术调查官、专家辅助人、司法鉴定以及科技专家咨询等多种途径进行查明。本案的审理明确了药品制备方法发明专利侵权纠纷的审判思路，对侵权判定中的难点问题——被诉侵权药品制备工艺的确定提供了明确的裁判方法和裁判标准，在全国法院率先引入技术调查官参与诉讼，较好地解决了专利案件技术性和专业性强所带来的技术事实查明困难的问题，具有重要的指导意义，对医药行业的研发和仿制等发展方向起到指引和规范作用。

二、关于本案例的相关情况

本案双方当事人的纠纷由来已久，在礼来公司 2003 年提起的侵权诉讼中，法院以被诉侵权人常州华生制药有限公司（以下简称华生公司）未能就其被诉侵权药品奥氮平的实际生产工艺进行举证为由认定礼来公司的侵权指控成立。基于此，礼来公司于 2013 年提起本案诉讼，就前案起诉日之后华生公司的持续侵权行为主张损害赔偿。本案一审判决基于与前案相同的判理认定华生公司侵权成立，判令其赔偿礼来公司经济损失人民币 350 万元。礼来公司、华生公司均不服一审判决，向最高人民法院提起上诉。最高人民法院经过审理，在准确解释涉案方法发明专利权利要求的基础上，划定涉案专利权的保护范围，对在案证据进行充分审查，依法确定华生公司被诉侵权药品奥氮平实际制备工艺的反应路线，认定被诉侵权技术方案未落入涉案专利权保护范围，判决撤销一审判决，驳回礼来公司诉讼请求。

本案中，被诉侵权药品的制备工艺见于药品注册备案资料、司法鉴定报告、批生产记录、生产规程等证据，技术性和专业性较强，双方当事人就华生公司实际生产奥氮平的制备工艺产生较大争议。为准确查明案件所涉技术事实，最高人民法院首次指派技术调查官参与案件诉讼。技术调查官出庭协助法官向双方当事人及其专家辅助人就技术问题展开调查成为公开庭审的一大亮点，引起社会各界的广泛关注，具有很好的示范意义。在案件的审理过程中，对于涉案专利和被诉侵权技术方案所涉及的技术问题，技术调查官充分发挥其专业特长，提出了客观专业的参考意见，对技术事实的准确认定起到了积极作用。

三、裁判要点的理解与说明

该指导案例的裁判要点确认：（1）药品制备方法专利侵权纠纷中，在无其他相反证据情形下，应当推定被诉侵权药品在药监部门的备案工艺为其实际制备工艺；有证据证明被诉侵权药品备案工艺不真实的，应当充分审查被诉侵权药品的技术来源、生产规程、批生产记录、备案文件等证据，依法确定被诉侵权药品的实际制备工艺。（2）对于被诉侵权药品制备工艺等复杂的技术事实，可以综合运用技术调查官、专家辅助人、司法鉴定以及科技专家咨询等多种途径进行查明。现围绕与该裁判要点相关的问题逐一解释和说明。

（一）关于被诉侵权药品制备工艺的确定

药品制备方法发明专利侵权纠纷的一般审理思路，首先是确定涉案发明专利权的保护范围，然后查明被诉侵权药品的制备工艺，最后是侵权比对，对被诉侵权药品的制备工艺是否落入涉案发明专利权保护范围作出认定。在这类案件的审理过程中，由于专利授权文本的存在和专利权人的积极举证，涉案发明专利权的保护范围较为容易确定。但是，对于被诉侵权药品的制备工艺，其通常表现为药品注册备案资料、生产纪录、生产规程等形式，或者需要进行生产现场勘验，专业性和技术性较强，各种证据显示出来的制备工艺可能还会出现差异，并且这些证据多为被诉侵权人所掌握，作为被指控侵权方，其缺乏举证积极性。因此，被诉侵权药品制备工艺的事实查明常常陷入困境。

药品作为关系人类生命和健康的特殊产品，其生产和销售受到严格的制度监管。药品上市的前提是获得相应的行政许可，药品生产商在提交注册申请时，必须提交其申请注册药品的研制和试生产资料，其中记载了该药品的制备工艺。对于获准生产的药品，其注册备案资料经过药监部门的严格审批，包括研制和生产现场核查、试生产药品抽样等程序，因此，药品注册备案资料中记载的制备工艺具有较高的公信力，一般可以认定为被诉侵权药品的实际制备工艺。但是，由于历史的问题、监管的疏漏等原因，药品生产商的实际生产可能不按照或者不完全按照其在药监部门备案的工艺进行。本案中，华生公司2003年的奥氮平备案工艺在前案二审中经鉴定为不可行，前案生效判决因此认定华生公司在实际生产过程中未采用该备案工艺制备奥氮平。为此，华生公司在本案一审中进一步提交了其奥氮平批生产记录、生产规程等证据。真实的药品生产记录、生产规程形成于药品的实际生产过程中，是药品实际制备工艺最直接的证据，但是，由于时过境迁，应当结合其他在案证据对其真实性和证明力进行审查。另外，对于药品的生产记录，还有一个从其相关记载中还原出药品的原料药、反应路线、制备步骤、制备参数等技术事实的过程。具体而言，应当结合药品注册备案资料对生产记录、生产规程进行审查，考察备案资料中记载的技术来源、原料药、制备工艺等与生产记录、生产规程相关记载的异同。另外，要同时审查多年的生产记录和生产规程，明确其技术积累和技术改进过程，考查相关记载的承继性和连续性，从而准确认定被诉侵权药品实际生产的原料药、反应路线、制备步骤、制备参数等，为后面的侵权判断打下良好基础。本案中，通过对华生公司多年批生产记录、生产规程和注册备案资料的审查，二审判决依法确认华生公司2003年至涉案专利权到期日期间一直使用其2008年补充备案工艺的反应路线生产奥氮平，只是在保持该基本反应路线不变的基础上对反应条件、溶剂等生产细节进行了调整，从而认定华生公司的奥氮平制备工艺未落入涉案专利权保护范围。

（二）关于技术事实的查明机制

专利、植物新品种、集成电路布图设计等技术类案件具有专业性和技术性较强的特点，技术事实的查明成为此类案件的审理难点。为提高技术事实查明的科学性、专业性和中立性，司法实践中探索出包括引入具有技术背景的人民陪审员、技术调查官、专家辅助人、司法鉴定以及科技专家咨询等在内的技术事实查明机制。技术调查官制度在我国大陆地区的正式建立始于2014年12月31日发布的《最高人民法院关于知识产权法院技术调查官参与诉讼活动若干问题的暂行规定》，虽然该制度是知识产权法院的配套制度，但是其中第十条规定："其他人民法院审理本规定第二条所列案件时，可以参照适用本规定。"因此，其他人民法院在审理技术类案件时根据审理需要也可以指派技术调查官参与诉讼。技术调查官属于司法辅助人员，不具有审判权，但是可以参与调查取证、勘验、保全，可以出庭协助法官查明技术事实，经法官许可，就案件有关技术问题向当事人、诉讼代理人、证人、鉴定人、勘验人、专家辅助人发问，并就案件涉及的技术问题撰写技术审查意见供法官认定技术事实参考。技术调查官的回避，参照适用诉讼法关于审判人员回避的规定。本案涉案专利属于医药化学领域，涉及复杂的技术问题，如涉案专利权利要求的解释，被诉侵权药品制备工艺的确定等。为准确认定技术事实，本案指派了技术调查官参与诉讼，并在公开庭审中出庭协助法官对案件涉及的技术问题进行调查，保证了案件的公正高效审理。专家辅助人制度见于民事诉讼法第七十九条关于"当事人可以申请法院通知有专门知识的人出庭，就鉴定人作出的鉴定意见或者专业问题提出意见"的规定，此处"有专门知识的人"即为专家辅助人。根据《最高人民法院关于适用〈中华人民共和国民事诉讼法〉的解释》第一百二十二条、第一百二十三条的规定，专家辅助人只能参与专业问题的庭审活动，其在法庭上对案件事实涉及的专业问题提出的意见，视为当事人的陈述。经法庭准许，当事人可以对出庭的专家辅助人进行询问。根据礼来公司的申请，本案通知了其专家辅助人出庭就涉案专利保护范围、被诉侵权药品制备工艺等专业问题提出意见，保证了相关技术事实认定的客观和公正。

四、参照适用时应注意的问题

对于被诉侵权药品制备工艺的确定，本案强调在依法确定举证责任承担的基础上，结合涉案专利权利要求，以在案证据为依据，综合考虑药品注册备案资料、批生产记录、生产规程、技术来源和积累过程等，确定其相应技术特征。这里还有一个证据来源的问题。对于被诉侵权药品实际制备工艺的举证责任分配，专利法第五十七条第二款规定：“专利侵权纠纷涉及新产品制造方法的发明专利的，制造同样产品的单位或者个人应当提供其产品制造方法不同于专利方法的证明。”即在被诉侵权药品为新产品的情况下，适用举证责任倒置规则，由被诉侵权人就其被诉侵权药品的制备工艺不落入涉案发明专利权的保护范围承担举证责任。本案中，双方当事人对于奥氮平为专利法中所称的新产品不持异议，华生公司应就其奥氮平制备工艺不同于涉案专利方法承担举证责任。前案判决即是因华生公司未能提交其被诉侵权药品实际制备工艺的证据，构成举证不能而认定其侵权成立。但是，在药品制备方法发明专利侵权纠纷中，如果涉案药品不是新产品，根据“谁主张，谁举证”的一般证据规则，仍然应当由专利权人就被诉侵权药品的实际制备工艺落入专利权的保护范围承担举证责任。然而，现实的情况是，被诉侵权药品的注册备案资料在药监部门存档，生产记录、生产规程等证据由被诉侵权人掌握，如果一味要求专利权人提供这些证据，显然不利于事实的查明。在这种情况下，专利权人可以申请法院依职权调取被诉侵权药品的注册备案资料。在专利权人能够证明被诉侵权人生产了与其涉案专利相同的药品，并就被诉侵权人生产该药品的制备工艺的举证尽到了合理努力，结合已知事实及日常生活经验，能够认定该该药品经由专利方法制造的可能性很大的，可以根据民事诉讼证据司法解释有关规定，适用举证责任转移，不再要求专利权人提供进一步的证据，而由被诉侵权人提供其药品制备工艺不同于专利方法的证据。另外，在被诉侵权药品的实际制备工艺不同于药监部门注册备案工艺的情况下，以实际制备工艺进行侵权比对，被诉侵权人是否应当为此承担相关行政责任，并不影响民事诉讼中的侵权判断。

还需要说明的是，前述事实查明机制中的各种具体方式在一定程度上均存在不同的局限性和优越性：陪审员和科技咨询专家的参与程度受到时间等因素的限制，但是其客观性和中立性能够得到保证，并且可以适用于广泛的技术领域；专家辅助人的技术意见缺乏中立性，但是可以充分保障诉讼当事人的合法权益；司法鉴定成本较高且时间较长，但是其证明力较强；技术调查官对案件的参与程度较深，技术意见的可采信程度较高，但是其选任、管理等尚处于探索阶段。因此，在事实查明机制的具体适用中，上述各种方式互为补充，形成有机整体。具体到个案审理，应当根据案件的实际情况选择其中一种或者几种方式，准确认定技术事实。

（执笔人：最高人民法院民事审判第三庭　吴蓉

最高人民法院案例指导工作办公室　石磊）

指导案例85号《高仪股份公司诉浙江健龙卫浴有限公司侵害外观设计专利权纠纷案》的理解与参照

——外观设计创新性和功能性设计特征的认定及其在侵权判断中的考量

最高人民法院案例指导工作办公室

2017年3月6日，最高人民法院首次以专题形式发布了第16批指导性案例（知识产权专题），包括第78号至第87号共10件指导性案例，总结了知识产权审判实践中普遍的疑难复杂法律适用问题，有利于进一步明确裁判规则，统一司法尺度。其中，第85号为《高仪股份公司诉浙江健龙卫浴有限公司侵害外观设计专利权纠纷案》。为了正确理解和准确参照适用该指导案例，现对该指导案例的选编过程、裁判要点、参照适用等有关情况予以解释和说明。

一、选编过程及指导意义

本案由浙江省台州市中级人民法院一审，浙江省高级人民法院二审，再审审查阶段为最高人民法院首次外国驻华使节专题开放活动的旁听案件，提审判决被评为最高人民法院十大精品裁判文书，入选2015年度中国法院十大知识产权案件和2015年度最高人民法院知识产权案件年度报告。经最高人民法院民三庭审判长联席会议讨论，建议推荐作为指导性案例。2016年10月28日，最高人民法院案例指导工作办公室收到该案例后，对其进行初审、修改。2017年1月22日，研究室室务会经讨论，同意推荐该案例，建议提交民专会予以讨论。2月21日，该案例经最高人民法院民专会第261次会议讨论通过。3月6日，最高人民法院以法〔2017〕53号文件将该案例列在第16批指导案例予以发布。

该指导案例旨在明确如果被诉侵权设计未包含授权外观设计区别于现有设计的全部设计特征，一般可以推定被诉侵权设计与授权外观设计不近似；对设计特征的认定，应当由专利权人对其所主张的设计特征进行举证，并允许第三人提供反证予以推翻；对功能性设计特征的认定，取决于在外观设计产品的一般消费者看来该设计是否仅仅由特定功能所决定，而不需要考虑该设计是否具有美感。该案例对外观设计专利创新性设计特征的意义、证明、确定以及在侵权判断中的考量进行了系统阐述，同时明确了功能性设计特征的认定标准等问题，对外观设计专利侵权判断裁判标准的统一具有重要的指导意义。

二、关于本案例的相关情况

本案涉及外观设计的创新性设计特征和功能性设计特征的认定标准及其在侵权判断中的考量。外观设计的创新性设计特征，在2008年专利法第三次修正之前，并不作为外观设计专利的授权条件。2008年专利法修正，提高了外观设计专利的实质性授权条件，在原有新颖性要件的基础上加入创新性要件，明确要求授权外观设计既不属于现有设计也不存在抵触申请，并且与现有设计或者现有设计特征的组合相比具有明显区别，体现了外观设计专利制度保护具有美感的创新性工业设计方案的立法目的，大大提高了外观设计专利的授权质量。作为授权外观设计获得专利权保护的基础，创新性设计特征对外观设计产品的整体视觉效果具有显著影响，由此在外观设计专利的侵权判断中成为重点考虑因素。但是，司法实践中对该特征的确定及其在侵权判断中的考量，存在认识不足和标准不一的问题。本案中，专利权人高仪股份公司（以下简称高仪公司）主张跑道状出水面为涉案“手持淋浴喷头”外观设计专利区别于现有设计的创新性设计特征，被诉侵权设计采用了与之高度相似的出水面设计，落入涉案专利权的保护范围。对此，一、二审判决作出了不同的认定。另外，本案被诉侵权设计缺少涉案外观设计专利手柄上所具有的类跑道状推钮，该推钮的设置与否是由是否需要在淋浴喷头产品上实现控制水流开关的功能所决定的，但是在实现控制水流开关功能的基础上，基于不同的审美需求，该推钮可以有多种形状设计。被诉侵权人浙江健龙卫浴有限公司（以下简称健龙公司）对二审判决关于涉案授权外观设计中与其跑道状出水面相协调的类跑道状推钮为功能性设计特征，在侵权比对时不予考虑的认定提出异议，反映出司法实践中对于外观设计中功能性设计特征以及兼具功能性和装饰性的设计特征的认定难题。由于上述问题的存在，2014 年 12 月 18 日，最高人民法院裁定提审本案，并于 2015 年 8 月 11 日以提审判决的形式对上述司法实践中的疑难问题作出回应，厘清相关认识和理解，统一裁判标准，取得了较好的法律效果和社会效果。

三、裁判要点的理解与说明

该指导案例的裁判要点确认：（1）授权外观设计的设计特征体现了其不同于现有设计的创新内容，也体现了设计人对现有设计的创造性贡献。如果被诉侵权设计未包含授权外观设计区别于现有设计的全部设计特征，一般可以推定被诉侵权设计与授权外观设计不近似。（2）对设计特征的认定，应当由专利权人对其所主张的设计特征进行举证。人民法院在听取各方当事人质证意见基础上，对证据进行充分审查，依法确定授权外观设计的设计特征。（3）对功能性设计特征的认定，取决于在外观设计产品的一般消费者看来该设计是否仅仅由特定功能所决定，而不需要考虑该设计是否具有美感。功能性设计特征对于外观设计的整体视觉效果不具有显著影响。功能性与装饰性兼具的设计特征对整体视觉效果的影响需要考虑其装饰性的强弱，装饰性越强，对整体视觉效果的影响越大，反之则越小。现围绕与该裁判要点相关的问题逐一解释和说明。

（一）关于授权外观设计的设计特征问题

如前所述，2008 年专利法修正之后，被授予专利权的外观设计必须具备创新性设计内容，即专利法第二十三条第二款所述的“与现有设计或者现有设计特征的组合相比，应当具有明显区别”的设计特征，在本案中称为授权外观设计的设计特征。设计特征体现了设计人对现有设计的创造性贡献，是其外观设计获得专利权保护的基础。对于设计特征在专利侵权判断中的考量，2010 年 1 月 1 日施行的《最高人民法院关于审理侵犯专利权纠纷案件应用法律若干问题的解释》（以下简称《专利侵权司法解释》）第十一条第二款第二项规定，授权外观设计区别于现有设计的设计特征相对于授权外观设计的其他设计特征通常对外观设计的整体视觉效果更具有影响。究其原因，是因为设计特征是授权外观设计不同于现有设计或者现有设计特征组合的明显区别部分，其存在使得一般消费者容易将授权外观设计与现有设计区分开来，故设计特征对外观设计产品的整体视觉效果具有较为显著的影响。据此，如果被诉侵权设计中未包含授权外观设计区别于现有设计的全部设计特征，那么其未包含的那部分设计特征就会使得其与授权外观设计在整体视觉效果上存在较为明显的区别，在这种情形下，一般可以推定被诉侵权设计与授权外观设计不构成近似。

正是由于授权外观设计的设计特征在侵权判断中具有较大的权重，外观设计专利侵权纠纷中，设计特征的确定往往成为各方当事人的争议焦点之一。一般而言，专利权人对其授权外观设计的设计特征最为了解，其常常会主张被诉侵权设计采用了授权外观设计的设计特征。对此，根据“谁主张，谁举证”的一般证据规则，专利权人首先应当对授权外观设计的设计特征是什么承担举证责任。另外，授权外观设计的设计特征可能会记载于专利授权确权程序的相关申请和审查文件中，如专利申请文件的简要说明部分，或者无效宣告请求审查决定等文档中，该记载对设计特征的确定具有重要的参考意义。与此同时，由于检索数据库的限制、检索能力的局限等原因，该记载所确定的设计特征，可能不是在穷尽整个现有设计的检索基础上得出的，因此，在对方当事人提出异议的情况下，应当允许其提供反证予以推翻。本案中，高仪公司主张跑道状出水面为其涉案外观设计专利的设计特征，针对涉案外观设计专利的无效宣告请求审查决定在与最接近的对比文件所记载的现有设计对比的基础上，也认定该特征为涉案外观设计专利的设计特征之一，对此，健龙公司不予认可。但是，经法院一再释明，健龙公司仍未能提交跑道状出水面为现有设计的证据，故法院在听取各方当事人质证意见基础上，对在案证据进行了充分审查，依法确定跑道状出水面为涉案外观设计专利的设计特征。

（二）关于外观设计的功能性设计特征的问题

专利法意义上的外观设计以工业产品为载体，工业产品首先必须满足特定功能需求，因此，外观设计会受制于工业产品所需实现的特定功能的考虑，由此产生功能性设计特征。对于功能性设计特征，《专利侵权司法解释》第十一条第一款规定，人民法院认定外观设计是否相同或者近似时，对于主要由技术功能决定的设计特征应当不予考虑。据此，外观设计专利侵权纠纷中，被诉侵权人往往会主张被诉侵权设计与涉案授权外观设计的某一个区别设计特征为功能性设计特征，在侵权比对中不予考虑。通常情况下，外观设计的功能性设计特征存在两种形式，一种是仅由特定功能唯一决定的设计，该设计与美学因素无关，在装饰性上不具有可选择性。另一种是可以实现特定功能的多种设计之一，该设计虽然在装饰性上具有可选择性，但是在外观设计产品的一般消费者看来，其是由产品所要实现的特定功能所决定的，同样与美学因素无关。因此，功能性设计特征的认定不在于该设计是否因功能或者技术条件的限制而不具有可选择性，而在于其在外观设计产品的一般消费者看来不具有装饰性上的考虑。根据上述司法解释，上述两种形式的功能性设计特征均不纳入侵权比对范围。

司法实践中，还存在另一种与功能性设计特征密切相关的设计特征，其是由设计者在实现产品特定功能的多种设计中，根据一定的审美需求选择的最具美感的设计。该设计特征在外观设计产品的一般消费者看来，既实现了产品的特定功能，又满足了视觉上的审美需求，因此，该设计特征与美学因素有关，不属于功能性设计特征。这种功能性和装饰性兼具的设计特征，应当纳入侵权比对的范围。在认定功能性和装饰性兼具的设计特征对外观设计产品整体视觉效果的影响时，需要考虑其装饰性的强弱：装饰性越强，对整体视觉效果的影响越大；装饰性越弱，对整体视觉效果的影响越小。本案中，二审法院将涉案授权外观设计产品手柄上设置的类跑道状推钮认定为功能性设计特征，在侵权比对时不予考虑，忽略了淋浴喷头的一般消费者在看到该推钮时，对其装饰性的关注。涉案授权外观设计的设计者选择将手柄位置的推钮设计为类跑道状，其目的也在于与其跑道状的出水面相协调，增加产品整体上的美感。因此，应当将该推钮认定为功能性和装饰性兼具的设计特征，在侵权比对中，根据其装饰性的强弱，判断其对淋浴喷头产品整体视觉效果的影响。

四、参照适用时应注意的问题

《专利侵权司法解释》第十一条规定，人民法院认定外观设计是否相同或者近似时，应当根据授权外观设计、被诉侵权设计的设计特征，以外观设计的整体视觉效果进行综合判断。被诉侵权设计与授权外观设计在整体视觉效果上无差异的，人民法院应当认定两者相同；在整体视觉效果上无实质性差异的，应当认定两者近似。据此，在外观设计专利侵权纠纷的审理中，应当严格秉持“整体观察、综合判断”的侵权比对原则。前述对外观设计的创新性设计特征和功能性设计特征在侵权判断中的考量，意义在于确定该特征对外观设计产品整体视觉效果影响的权重，在被诉侵权设计与授权外观设计是否构成相同或者近似的判断中仍然应当立足于“整体观察、综合判断”的原则。

还需说明的是，外观设计侵权比对原则中，“整体观察”的对象是外观设计的全部设计特征，包括创新性设计特征和非创新性设计特征。对于专利权人没有主张的创新性设计特征，以及非创新性设计特征之外的被诉侵权设计与授权外观设计相比的区别设计特征均应予以考虑，只是不同的设计特征在“综合判断”中所占的权重不同，如创新性设计特征对外观设计产品的整体视觉效果就具有更为显著的影响，而基于外观设计专利保护的是授权图片所显示的产品外观，功能性设计特征就被排除在“综合判断”的考虑因素之外。最后，在考察全部设计特征对外观设计整体视觉效果影响程度的基础上，综合判断不同外观设计的整体视觉效果有无差异或者实质性差异，从而作出侵权与否的认定。本案二审判决重点考虑了涉案授权外观设计跑道状出水面的创新性设计特征，但是对于涉案授权外观设计的其他创新性设计特征，以及淋浴喷头产品正常使用时其他容易被直接观察到的部位上被诉侵权设计与涉案授权外观设计的区别设计特征未予考虑，是其适用法律错误的主要原因。另外，还需指出，由于外观设计以工业产品为载体，其设计水平的提高除了美学因素的影响，还有赖于工业技术的进步。随着科技水平的提高，为实现特定功能可以选择的设计方案会越来越多，设计空间会越来越大。因此，对特定产品的特定设计特征，在不同的技术条件下，可能会由功能性技术特征向兼具功能性和装饰性的设计特征转变，在考虑其对外观设计产品整体视觉效果的影响时，会作出不同的认定。

（执笔人：最高人民法院民事审判第三庭　吴蓉
最高人民法院案例指导工作办公室　石磊）

指导案例86号《天津天隆种业科技有限公司与江苏徐农种业科技有限公司侵害植物新品种权纠纷案》的理解与参照

——基于公共利益原则考量的品种权行使限制

最高人民法院案例指导工作办公室

2017年3月6日，最高人民法院首次以专题形式发布了第16批指导性案例（知识产权专题），包括第78号至第87号共10件指导性案例，总结了知识产权审判实践中普遍的疑难复杂法律适用问题，有利于进一步明确裁判规则，统一司法尺度。其中包括指导案例86号《天津天隆种业科技有限公司与江苏徐农种业科技有限公司侵害植物新品种权纠纷案》。为了正确理解和准确参照适用该指导性案例，现对该指导性案例的推选经过、裁判要点和需要说明的问题等予以解释、论证和说明。

一、推选过程及其指导意义

该案例系天津天隆种业科技有限公司（以下简称天隆公司）与江苏徐农

种业科技有限公司（以下简称徐农公司）相互以对方为被告，分别向法院提起的两起植物新品种侵权诉讼案件。其中，天隆公司诉徐农公司侵犯植物新品种权纠纷案，南京市中级人民法院于2011年9月8日作出（2009）宁民三初字第63号民事判决；徐农公司诉天隆公司、淮安市高新种业科技有限公司侵犯植物新品种权纠纷案，南京市中级人民法院于2011年8月31日作出（2010）宁知民初字第069号民事判决。两案一审宣判后，天隆公司和徐农公司均不服判决，分别提起上诉。鉴于天隆公司、徐农公司在两个一审案中互为原告与被告，在两个二审案中又互为上诉人与被上诉人，且两案诉讼标的具有事实与法律上的实质关联，经征得当事人同意，江苏高院将两个上诉案合并开庭审理，并基于两案特殊情形，于2013年12月29日以并列两个案号（2011）苏知民终字第0194号、（2012）苏知民终字第0055号合并作出二审民事判决。

该案曾获评2014年中国法院十大知识产权创新案件。经最高人民法院民三庭审判长联席会议讨论通过，建议推选为指导性案例。2016年10月28日，最高人民法院案例指导工作办公室收到该案例后，对其进行初审、修改。2017年1月22日，研究室室务会经讨论，同意推荐该案例，建议提交最高人民法院民专会予以讨论。2月21日，民专会第261次会议讨论通过了该案例。3月6日，最高人民法院以法〔2017〕53号文件将该案例列在第16批指导案例予以发布。

该指导案例旨在明确品种权行使与社会公共利益的关系，即当品种权人行使品种独占权与国家粮食安全的公共利益发生冲突时，应当如何准确界定品种权行使的权利边界。该案例通过裁判父本、母本品种权的相互许可，妥善解决了涉案品种权争议，有利于指导品种权人正确行使权利，对于促进实现《中华人民共和国植物新品种保护条例》（以下简称《植物新品种保护条例》）规定的“鼓励培育和使用植物新品种，促进农业、林业的发展”的立法目的，具有指导意义。

二、关于本案例的相关情况

本案例所涉三系杂交粳稻9优418水稻品种，系由北方杂交粳稻工程技术中心（该中心与辽宁省稻作研究所为一套机构两块牌子，主管部门均为辽宁省农业科学院）与江苏徐淮地区徐州农业科学研究所（以下简称徐州农科所）

共同培育成功，并于2000年11月10日通过国家农作物品种审定，品种来源：9201A/C418，审定编号：国审稻20000009。2003年9月25日，徐州农科所就其选育的三系杂交粳稻不育系徐9201A水稻品种向国家农业部申请植物新品种权保护，该品种于2007年1月1日获得授权，品种权号为CNA20030344.9。徐州农科所于2008年1月3日授权许可徐农公司独占实施徐9201A植物新品种权；2003年12月30日，辽宁省稻作研究所向国家农业部提出杂交粳稻恢复系C418水稻品种植物新品种权申请，该品种于2007年5月1日获得授权，品种权号为CNA20030544.1。辽宁省稻作研究所于2007年5月1日授权许可天隆公司独占实施C418植物新品种权。法院经审理查明，徐9201A在审定之前命名为“9201A”，简称“9A”，审定时命名为“徐9201A”；徐农公司和天隆公司生产9优418水稻品种使用的配组完全相同，均使用母本徐9201A和父本C418。简言之，9优418水稻品种本身并不享有品种权，但因该品种系杂交粳稻，其父本和母本分别享有品种权，故9优418水稻品种的生产事实上受到限制。一般品种权纠纷案件主要发生在品种权人与被诉侵权人之间，而本案纠纷则发生在享有父本独占实施许可权的天隆公司和享有母本独占实施许可权的徐农公司之间，双方当事人为了独占生产9优418水稻品种而相互指控对方侵权，且在整个诉讼过程中无法达成妥协，导致司法裁判面临难题。

三、裁判要点的理解与说明

指导案例86号裁判要点确认：分别持有植物新品种父本与母本的双方当事人，因不能达成相互授权许可协议，导致植物新品种不能继续生产，损害双方各自利益，也不符合合作育种的目的。为维护社会公共利益，保障国家粮食安全，促进植物新品种转化实施，确保已广为种植的新品种继续生产，在衡量父本与母本对植物新品种生产具有基本相同价值基础上，人民法院可以直接判令双方当事人相互授权许可并相互免除相应的许可费。现围绕与该裁判要点相关的问题解释和说明如下。

（一）关于植物新品种权及权利行使的限制

植物新品种权，简称品种权，是指选育植物新品种的单位和个人，依法享有在一定时期内生产销售和使用所选育品种繁殖材料的独占性专有权利。品种权是一种类似于专利权的法定授权性权利。根据《植物新品种保护条例》第三条规定，国务院农业、林业行政部门属于品种权的审批机关，按照职责分工共同负责品种权申请的受理和审查，并对符合条例规定的植物新品种授予品种权。第十三条规定，申请品种权的植物新品种应当属于由审批机关确定和公布的、属于国家植物品种保护名录中列举的植物属或者种。第十四条至第十七条规定，授予品种权的植物新品种应当具备新颖性、特异性、一致性和稳定性。新颖性，是指申请品种权的植物新品种在申请日前该品种繁殖材料未被销售，或者经育种者许可，在中国境内销售该品种繁殖材料没有超过1年；在中国境外销售藤本植物、林木、果树和观赏树木品种繁殖材料未超过6年，销售其他植物品种繁殖材料没有超过4年。特异性，是指申请品种权的植物新品种应当明显区别于在递交申请以前已知的植物品种。一致性，是指申请品种权的植物新品种经过繁殖，除可以预见的变异外，其相关的特征或者特性一致。稳定性，是指申请品种权的植物新品种经过反复繁殖后或者在特定繁殖周期结束时，其相关的特征或者特性保持不变。

品种权权能包括排他性独占权、使用权、许可使用权和转让权，而排他性独占权是品种权的核心权能。《植物新品种保护条例》第六条规定："完成育种的单位或者个人对其授权品种，享有排他的独占权。任何单位或者个人未经品种权所有人许可，不得为商业目的生产或者销售该授权品种的繁殖材料，不得为商业目的将该授权品种的繁殖材料重复使用于生产另一品种的繁殖材料。"根据以上规定，任何单位或者个人如为商业目的生产或者销售授权品种的繁殖材料，或将该授权品种的繁殖材料重复使用于生产另一品种的繁殖材料，都必须经过品种权所有人的授权许可。

但是，任何权利的行使都有一定的边界。为了促进科技进步、文化传播，各类知识产权制度均构建了相应的权利实施限制制度，以寻求权利人、使用者和公众利益三者之间的平衡，品种权也不例外。《植物新品种保护条例》明确规定了以下权利行使的限制：一是合理使用，是指利用授权品种进行育种及其他科研活动或者农民自繁自用授权品种的繁殖材料，可以不经品种权人许可，不向其支付使用费，但是不得侵犯品种权人依照条例享有的其他权利（第十条规定）。这里包括两种情形：（1）育种与研究免责。育种研发本身属于科学研究的一部分，但“育种者免责”是品种权独有的免责制度，是指为促进育种科学研究和创新，凡以育种为目的，未经品种权人许可，使用授权品种进行育种用于育种研究或者其他科研活动，不构成侵权。“考虑到育种研发的特殊性，亲本即育种材料的使用是育种过程中不可缺少的基础，而杂交育种方法的有限性也决定了可供选择的亲本范围的有限性，如杂交育种只能是使用野生的或已有的品种进行杂交，然后再进一步选育，因此，植物品种权制度中，更侧重于保护育种者能以培育新品种为目的、自由地使用授权品种。”① 值得一提的是，“育种者免责”作为品种权限制的基本形式之一，早在《国际植物新品种保护公约》(UPOV) 1961 年文本中即获得了认可。(2) 农民免责。农民免责是品种权制度中另一项特有免责制度，是指农民自繁自用授权品种的繁殖材料，未经品种权人许可，不构成侵权。农民享有的该项权利又称为农民留种权，其意义在于，通过允许农民自行留种，给历代农民长期培育或传承植物遗传资源予以一定回馈，同时也为农民来年继续农业种植活动维持生计留下空间。②《最高人民法院关于审理侵犯植物新品种权纠纷案件具体应用法律问题的若干规定》第八条将“农民”范围界定为“以靠农业或林业种植维持生计的个人、农村承包经营户”为限。③ 二是强制许可，是指为维护国家利益或者公共利益，审批机关可以不经品种权人同意，通过行政申请程序作出强制许可决定，直接允许具备实施条件的申请者生产使用授权品种。《植物新品种保护条例》第十一条规定：取得实施强制许可的单位或者个人应当付给品种权人合理的使用费，其数额由双方商定；双方不能达成协议的，由审批机关裁决。至于何种条件下可以对品种权实施强制许可，《中华人民共和国植物新品种保护条例实施细则（农业部分）》（2007 年修订）第十二条明确规定：“有下列情形之一的，农业部可以作出实施品种权的强制许可决定：（一）为了国家利益或者公共利益的需要；（二）品种权人无正当理由自己不实施，又不许可他人以合理条件实施的；（三）对重要农作物品种，品种权人虽已实施，但明显

① 牟萍：《植物品种权研究》，法律出版社 2011 年版，第 184 页。

② 牟萍：《植物品种权研究》，法律出版社 2011 年版，第 187 页。

③ 蒋志培、李剑、罗霞：《加强植物新品种的司法保护——〈最高人民法院关于审理侵犯植物新品种权纠纷案件具体应用法律问题的若干规定〉的理解与适用》，载《人民法院报》2007 年 1 月 31 日。

不能满足国内市场需求，又不许可他人以合理条件实施的。”从上述规定可知，我国品种权强制许可除国家利益或者公共利益外，还包括不实施或不充分实施品种权的强制许可。

(二) 关于公共利益原则的适用

如上所述，强制许可的本质是强制授权。对专有权而言，强制许可是比较严厉的权利限制形式，而基于“国家利益或者公共利益”考量，则是最为首要的强制许可实施理由，当然必须保证权利人能够从中获得合理的报酬。在知识产权法中，“国家利益或者公共利益”可统称为公共利益原则。需关注的是，长期以来，我国植物新品种强制许可制度如同专利强制许可制度一样，至今尚无行政强制许可实施的先例。这足以表明，在知识产权法实施过程中，公共利益原则是一项极为昂贵的制度资源，而知识产权领域极少适用强制许可制度的原因主要在于，防止任意突破规则擅自利用“公共利益”以限制私权。

所谓公共利益原则，是指一定社会条件下或特定范围内不特定多数主体的利益一致性，具有主体数量的不确定性、实体上的共享性等特征。知识产权法上的公共利益，主要是通过知识产权权利限制与例外制度实现。尊重公共利益是知识产权制度的历史传统。在几百年的知识产权立法设计和司法实践中，知识产权法的价值目标始终体现在满足公共利益基本前提下，促进知识产权权利实现，实现利益平衡。当然，如何识别社会公共利益则是理论与实践中的重要问题。要注意区别社会公共利益与相关公众利益，而后者属于特定利害关系群体的利益，如市场竞争者的利益，因此在判断社会公共利益时，要结合知识产权法的立法宗旨、权利类型、权利义务的具体内容等进行整体综合考量。

就品种权而言，哪些情况能够满足符合“公共利益原则”的强制许可，我国法律并没有作出明确规定，可资借鉴的是《欧盟植物品种保护条例》序言所提及的“在一定条件下可以导致强制许可的公共利益，包括向市场供应具有特定品质繁殖材料的需要或者为继续培育已改善品种提供激励的需要等”，而该条例实施细则进一步解释：“下列理由在特定情况下可以构成公共利益：(a) 保护人类、动物或植物的生命或健康；(b) 向市场供应具有特定品质的品种繁殖材料的需要，或者 (c) 向继续培育已改善品种提供激励的需要。”[①] 总体上看，品种权强制许可制度是防止品种权滥用的一项重要手段，而本指导案例所体现的促进国家粮食战略实施以及维护国家粮食生产安全的司法价值导向，显然属于社会公共利益的应有之义。

（三）本案例裁判思路体现公共利益原则对品种权行使的限制

如前所述，植物新品种一旦获得授权，未经许可他人不得为商业目的之使用。本案的现实困境是，由于父本与母本品种权不能相互授权许可，可能导致已经广为种植的9优418水稻品种无法继续生产，这不仅是当事人的损失，更直接影响国家粮食安全战略的实施，有损公共利益，显然本案具有适用公共利益原则的基础。然而从审判实践看，无论何种类型的知识产权案件，因本身符合适用公共利益原则的案件少之又少，因而长期以来公共利益原则事实上已基本搁置不用。本案一审因反复调解未果，依照《植物新品种保护条例》第六条规定，认定徐农公司、天隆公司的行为均构成侵权，分别判决双方各自停止侵权，并认定母本徐9201A的价值高于父本C418，判令徐农公司赔偿天隆公司损失50万元，天隆公司赔偿徐农公司损失200万元。从形式上看，一审裁判有明确的法律依据，体现了对品种权的绝对保护，但是9优418水稻无法继续种植生产，不仅法院不愿意看到，实际也并非当事人的本意，因为双方在二审中均表达了希望法院调解继续生产的意愿，而仅仅因为一审判决双方互赔金额折抵后尚有150万元差额，对此双方无法达成妥协，导致二审调解失败。最终，二审基于公共利益原则的考量，调整裁判思路，从品种权保护的立法宗旨出发，参照《植物新品种保护条例》规定的行政强制许可制度，撤销两案一审判决，改判双方当事人生产9优418水稻品种均不构成侵权，且互免许可费，同时判令天隆公司给予徐农公司50万元的经济补偿，以体现公平合理，从而妥善解决了争议。

从二审判决可见，本案在适用公共利益原则时考虑了以下因素：首先，9优418品种系辽宁省稻作研究所与徐州农科所合作选育。该合作选育源于20世纪90年代国内杂交水稻科研大合作，本身系无偿配组，在合作之初以及9优418水稻品种通过审定后，合作双方就后续权利及获得授权的亲本品种权如何行使，并没有作出特别约定。正是基于本案特殊的历史背景，在合作双方没

① 李菊丹：《欧盟品种权强制许可制度及其借鉴意义》，载《知识产权》2011年第7期。

有特别约定的情况下，应当视为双方均有权利使用对方亲本生产9优418品种。其次，9优418水稻品种性状优良，在江苏、安徽、河南等地广泛种植，受到广大种植农户的普遍欢迎，已成为中粳杂交水稻的当家品种，而本案中双方当事人相互指控对方侵权，本身也足以表明9优418水稻品种具有较高的经济价值和市场前景，既涉及双方的重大经济利益，更关涉国家粮食生产安全等社会公共利益，因此双方在行使权利时均应当受到限制。再次，9优418水稻品种是三系杂交组合，综合双亲优良性状，杂种优势显著，其中母本不育系徐9201A作用重要，而父本C418的选育也成功解决了三系杂交粳稻配套的重大问题，因此，在9优418配组中父本与母本至少具有相同的地位及作用；最后，因徐农公司为推广9优418水稻品种付出了许多商业努力并进行种植技术攻关，而天隆公司是在9优418水稻品种已获得市场广泛认可的情况下进入该生产领域，其明显减少了推广该品种的市场成本，为体现公平合理，天隆公司应当给予徐农公司一定的经济补偿。当然，考虑到双方当事人各自生产9优418水稻品种，事实上存在着一定的市场竞争和利益冲突，故二审法院在判决中告诫“双方当事人应当遵守我国反不正当竞争法的相关规定，诚实经营，有序竞争，确保质量，尤其应当清晰标注各自的商业标识，防止发生新的争议和纠纷，共同维护好9优418品种的良好声誉”。上述二审裁判思路，显然既兼顾了品种权人辽宁稻作研究所和徐州农科所合作双方的利益以及本案双方当事人各自独占实施品种权的共同利益，亦兼顾了广大种植农户的利益，更维护了国家粮食生产安全，体现出品种权行使应当符合社会公共利益原则的根本要求。

四、其他相关问题的说明

其一，关于司法强制许可。《植物新品种保护条例》规定行政机关依行政程序作出强制许可决定，其性质属于行政强制许可，而条例本身并没有就司法裁判强制许可作出规定。正是由于我国知识产权领域行政强制许可几无先例，制度空置，导致一些本可以寻求行政强制许可的争议转而寻求民事司法救济。以专利领域为例。目前涉及标准必要专利的争议寻求司法途径解决已日益成为当事人的重要选择，诉讼类型既包括标准必要专利实施者请求法院裁决许可费，也包括实施者针对专利权人的侵权指控提出强制许可抗辩等，且在国内外司法实践中已形成一些有重大影响的判决。在华为公司诉IDC公司标准必要专利使用费纠纷案①中，华为公司请求法院“按照FRAND条件判决IDC公司就其中国标准必要专利许可华为公司的许可费率或费率范围”，广东两级法院就华为公司应当支付IDC公司涉案标准必要专利许可费率作出了裁决。在此类诉讼中，法院拒绝判令停止侵权，实施者可以继续实施专利并支付相应的许可费，与专利行政强制许可在性质上并无不同。

就品种权而言，我国《植物新品种保护条例》第十一条第三款规定：“品种权人对强制许可决定或者强制许可使用费的裁决不服的，可以自收到通知之日起三个月内向人民法院提起诉讼。”可见，如果品种权人就行政强制许可决定提起行政诉讼，对该行政强制许可决定是予以维持还是撤销，最终将由法院行使司法审查权作出判断。至于当事人寻求民事司法途径解决品种权许可争议，即使法律并无明确规定，法院仍可结合个案案情，运用法律解释和法律精神，参照行政强制许可制度的相关规定，作出判决。总体而言，当事人无论是申请行政强制许可还是寻求民事司法救济，尽管处理机关和处理程序不同，但案件裁判结果所体现的法律精神和价值指引则应当完全一致，这也是司法最终裁决原则的必然体现。当然，本案特殊性在于，由于9优418水稻品种系辽宁稻作研究所与徐州农科所合作选育，且系无偿配组，而合作双方对该品种特别是父母本的后续权利如何行使并没有特别约定，因此，二审法院系从不侵权入手作出裁判，即合作双方均有权使用对方亲本生产9优418水稻品种，互免许可费，且该权利延及合作双方品种权的独占实施许可权人即本案天隆公司和徐农公司，这与一般案件中品种权人与使用者之间的关系有所不同。

其二，关于许可费的裁判问题。法院审理涉及许可争议的案件，往往需要根据个案情形和当事人的诉请确定许可费、许可费率或许可费率范围。例如，上述华为公司诉IDC公司标准必要专利使用费纠纷案中，广东法院最终对华为公司应付的许可费率范围作出了裁判。当然，此类案件的利益平衡点在于许可费是否公平合理，而这恰恰是审判实践中面临的最大难题。本案系品种权许可

① 一审：深圳市中级人民法院（2011）深中法知民初字第857号民事判决书；二审：广东省高级人民法院（2013）粤高法民三终字第305号民事判决书。

争议，与一般案件可能仅涉及单方品种权不同，本案涉及双方父母本品种权的市场价值判断，故更为复杂。一审认为母本不育系的价值高于父本且母本用种量多于父本，故对双方当事人分别判以不同的赔偿额。但二审认为："C418 具有特异亲和性，抗病性强、配合力高、穗大粒多，结实性好。C418 含有 1/3 籼稻遗传成分，杂种 F1，籼粳遗传成分搭配适度，实现了籼粳有利基因集团与本地优势生态群相结合，使杂种优势达到新水平。9 优 418 综合双亲优良性状，杂种优势显著，在江苏、安徽、河南种植面积逐年扩大，受到广泛好评。试验表明，9 优 418 竞争优势强，产量显著高于常规中粳和原有杂粳组合。这说明，对于 9 优 418 而言，虽然母本不育系的作用重要，而 C418 的选育成功因解决了三系杂交粳稻配套的重大问题，故在 9 优 418 配组中父本与母本至少具有相同的地位及作用。"二审正是基于上述判断，判决双方互免许可费，这显然具有个案特性。因此，在参考适用本指导案例时，应注意考察双方授权品种的特点，如果经审理，父母本的市场价值确实差异较大，亦可以由双方协商确定各自应付的许可费数额，在当事人协商不成时，再由法院基于公平作出差异性的许可费判决。

（执笔人：江苏省高级人民法院　宋健

最高人民法院案例指导工作办公室　石磊）

[司法实务问题研究]

项目代建制法律问题研究

陈淑雅*

内容提要 工程项目代建制源于国际上通用的工程项目总承包，其目的在于政府在投资非经营性建设项目中，引入市场主体参与进来，其作为代建单位签订合同承担起项目投资、工程进度、安全管控、工程环卫等民事责任，以代建单位的管理取代公力参与，克服政府投资项目中存在的人员腐败、机构臃肿、效率低下等问题。政府投资项目大多为政府民生工程，在政府政策引导下，采用代建制成为各地政府投资项目工程的主要实施方式。项目代建制通过参建各方签订各阶段或各领域的合同完成，其基本法律关系应为民法学法律关系理论中的委托代理关系。

代建制是一项从国外发达国家引进的制度，在国外工程项目管理模式中，因工程项目规模化、建设技术的复杂化，要求建设单位对工程建设管理专业化，但一般的建设单位并非专业的工程建设单位，由具有工程项目管理经验的专业公司提供服务，有效地弥补了建设单位缺乏经验的短板。随着建设项目种类细化、项目建设管理的范围也进一步扩展，逐渐形成了建设单位退出项目建设管理的具体事项，选择委托具有资质的项目管理公司作为代理人行使项目建设管理的权利，待工程完成后，由项目管理公司向建设主体交付成果的制度。

---

* 作者单位：浙江省温州市瓯海区人民法院。

代建制在国外的发展，有效地控制了工程项目成本、提高工程建设效率。自国务院《关于投资体制改革的决定》（以下简称《决定》）出台以来，全面深化政府投资项目市场化改革，从此前理念借鉴转化为在制度内获得确认的代建制管理模式。

经过多年试点，各地方政府也形成了具有地方特色的模式，如厦门模式、宁波模式等等。一项制度的实行必有其作用，但在实行过程中亦有其缺陷，各地项目代建制在实行过程中亦暴露出一些问题。在合同管理方面，因各地项目代建委托单位规定的不同，出现投资单位、使用单位单独作为委托单位，及投资单位与使用单位共同作为委托单位的不同情况；因代建权利、义务设计不尽合理，出现代建主体间责任划分模糊、代建阶段责任不明确等问题。代建市场准入方面，因建筑市场自身开放局限性、资质要求不统一，导致“择优选择”的代建单位“不优秀”。① 各地方政府相继出台了政府项目代建制的相关规定和文件，但不尽相同，各地在项目代建制实行过程中存在认识不足、甚至认识错误的情况。上述问题不仅关系到项目代建制实行的效果问题，还涉及后续代建各方法律责任承担问题，因此，如何正确分析、对上述问题进行法律研究就显得尤为必要。

一、项目代建制的主体

各地项目代建模式多样，代建主体也各有不同。项目代建制，在法律关系上与代建制的法律关系分析具有一致性，但在主体、客体和内容方面亦有其自身特色。工程项目是一项庞大而又复杂的系统工作，委托单位、代建单位及其他参与单位的权责在一些具体的工作中势必会形成交叉与重复。② 项目代建制中设计、勘察、施工、监理等参建单位，仅改变了他们权利义务的相对方，而设计、勘察、施工、监理单位本身的权利义务本身并未做相应改变，故本文对于该部分参建单位的权利义务予以省略。

---

① 秦阳：《基于卓越绩效评价模式的代建单位规范化管理研究与应用》，载《公路》2017年第6期。

② 苏蓉、李兴、唐怀彬：《浅论高校新校区建设“代建制”下业主的责权与维护》，载《四川建筑科学研究》2010年第36期。

（一）委托单位

根据我国的建设项目审批程序，一个项目从立项到完工要经过多个政府机关的审批，就政府投资的项目而言，主要的审批部门有：土地、规划、建设、消防、环保等。具体落实为建设单位提出项目建议书，待项目建设书批复后，政府财政部门按项目建议书批复的内容提供相应投资资金或通过相关渠道进行融资、集资，① 提出项目建议书的单位就可以继续进行土地、规划、建设等部门的审批，批准程序完成后即按照批准意见及各项指标开展建设工作。其中涉及批准单位、投资单位、使用单位等概念。

项目批准单位是对项目具有审批权的单位。广义的项目批准单位包括规划部门、土地、建设等所有对建设项目具有审批权的政府机关。狭义的批准单位仅指批准项目立项的政府部门，一般为各地方的发展和改革委员会。发展和改革委员会的职能是综合研究拟订经济和社会发展政策，② 进行总量平衡，指导总体经济体制改革，属于该地区的宏观调控部门，对社会固定资产投资项目具有审批权，而政府投资项目包括建设项目均是其审批的重点项目。国家发展和改革委员会的职责之一，即为提出全社会固定资产投资总规模，……安排国家财政性建设资金……③。从行政权力的角度来看，发展和改革委员会是政府投资项目的审批机关，并不是具体项目的建设单位，不具有项目的建设权，故而也不应列为项目代建制的委托方。

项目投资单位，包括提供建设资金的主体，从根本上来说投资单位应为政府本身，一般由发展和改革委员会安排建设资金，由财政部门完成执行。但实践中，财政局并不参与各项目建设的具体实施，因此也不是项目的建设单位。由于发展和改革委员会、财政局不是依法取得项目建设权的主体，因此也不宜作为项目的建设单位。在项目代建制中，最重要的法律关系即是建设单位对代建单位的授权。关于项目代建资金管理的授权，投资单位具有相应的权利，但各地政府投资项目的资金并不仅仅来源于发展和改革委员会和

---

① 郭力：《政府投资项目代建制的法律问题探讨》，载《公路交通科技（应用技术版）》2009 年第 6 期。

② 邹冠茹：《论政府职能与政府规模的良性互动》，载《天水行政学院学报》2012 年 2 月。

③ 国家发展和改革委员会（简介），载国家发展和改革委员会网站，http://www.ndrc.gov.cn/jj/default.htm，访问时间 2017 年 9 月 15 日。

政府财政局，还包括其他渠道的资金来源，故投资单位并不必然是代建项目合同的一方主体。

政府投资项目使用单位是指根据社会需要和政府公共职能，依法获得批准并组织建设的政府机关或事业单位。政府项目的使用单位一般是建设单位，提出项目建议书、取得项目用地的使用权，取得项目规划、建设、环保审批等各环节均由建设单位作为主体提出。假设政府投资项目不采用代建制，那么建设施工任务应由使用单位承担。因此，使用单位是依法取得项目建设权的单位，也应该是代建制的发起人。从项目建设权的角度来说，使用单位应当是代建主体当中的聘请人、委托方、授权人。

但在有些政府投资项目代建模式中，使用单位只作为建设的配合方，不承担建设单位的权利和义务。

（二）代建单位

代建单位是指以控制工程投资、保证项目工期及质量为建设目标，接受建设单位的聘请，在投资人、使用单位等的监督下从事工程项目建设管理工作的法人单位。① 代建单位是代建制的核心主体，虽然各地实施的代建制模式存在差别，但对代建单位的工作要求具有相对的一致。从我国项目代建制的实践来看，代建单位主要有以下类型：（1）事业单位型。即政府设立专门的事业单位从事建设工程的管理，专门负责政府投资项目的实施管理。（2）政府机关型。在政府投资项目代建模式发展初期，也存在由具有相关资质的政府机关担任代建单位直接负责工程项目的建设管理，如深圳市建筑工务署。（3）企业型。对于企业型的代建单位，一般以项目管理公司的形式负责项目的建设管理工作。各地对企业性质的要求不尽相同。

随着代建制在我国政府投资项目改革进程中，事业单位型和政府机关型两种形态的代建逐渐退出。从各地政府投资项目代建制的实施情况看，大多数采用的是企业型代建，同时要求代建单位具备有相应的资质，其中包括工程咨询和项目管理类公司（如工程咨询、造价管理等）和工程施工总承包类企业（如施工总包单位、房地产开发公司等）。以厦门为例，《厦门市建设与管理暂行规定》明确规定项目的代建单位必须为厦门市国有企业或国

① 于涛：《代建单位角色定位研究》，载《中小企业管理与科技》2016年11期。

有控股企业。以温州为例，对项目代建单位引入市场竞争机制，符合代建资质的单位均可通过招标投标程序成为项目的代建单位，企业性质包括国有企业和私营企业。

由于代建制作用的发挥，要通过代建合同约定使代建单位承担相应的民事责任，从而达到投资、进度、质量和安全等控制目标，故无论是采用何种类型的代建单位，都要求代建单位具有独立的法人地位，否则将无法独立承担民事责任。①

（三）其他参与单位

一个建设项目的具体操作一般由勘察、设计、施工、监理等单位予以完成，无论采用代建制与否，建设单位都需要聘请上述单位进行具体实施。根据建筑法的规定，从事建筑活动的建筑施工企业、勘察单位、设计单位和工程监理单位，应当有符合国家规定的注册资本；有与其从事的建筑活动相适应的具有法定执业资格的专业技术人员；还有从事相关建筑活动所应有的技术装备。招标投标法第三条规定："在中华人民共和国境内进行全部或者部分使用国有资金投资或者国家融资的项目，项目的勘察、设计、施工、监理以及与工程建设有关的重要设备、材料等的采购，必须进行招标。"

在政府投资项目代建制法律关系下，代建单位依据委托单位的授权对项目的勘察、设计、施工、监理单位进行招标，具体与建设单位还是代建单位建立合同关系，根据代建的阶段不同有所区别。

二、项目代建制的客体

按照民法理论，民事法律关系的客体是指民事主体权利义务共同指向的事物②，包括物、行为、智力成果和人身权利等。项目代建是代建单位在建设单位的授权下，提供特定的劳务和技术服务，承担建设管理责任并取得代建报酬或管理费的一种项目建设形式，包含服务合同的法律性质，因此，项目代建的客体是代建单位提供的项目建设管理的服务行为。按照代建单位负责实施项目

① 陈旭庆：《代建制度的法律问题》，载华东政法大学网站，http://www.law.ac.cn，访问时间2017年9月15日。

② 陈旭庆：《代建制度的法律问题》，载华东政法大学网站，http://www.law.ac.cn，访问时间2017年9月15日。

建设阶段的不同，可以分为前期审批行为和建设管理行为。

（一）前期管理行为

项目前期阶段是项目代建制最重要的环节，也是保证政府投资项目能够顺利推进代建的关键所在，是将业主（使用单位）建设意图逐步变为现实的过程。[①] 代建前期管理包括，代建前期准备阶段工作和代建前期审批阶段工作。

代建前期准备阶段工作中，项目的选址、土地整理等前期行为由建设单位完成整理。首先，应当树立代建管理工作理念。其次建立代建组织构架及职责。

在项目前期审批阶段，代建单位的工作职责主要包括以下几方面：第一，依据项目立项审批的内容组织编制项目可行性研究报告；第二，组织开展项目工程勘察、规划设计等招标活动；第三，组织开展项目初步设计文件编制修改工作；第四，办理项目可行性研究报告审批、环保、消防等有关手续报批工作。此阶段工作具有工作强度高、沟通量大、制约因素多、存在一定不确定性因素等特点。

（二）建设管理行为

项目代建单位在项目建设实施阶段的工作是项目代建目的实现的保证。主要包括以下几项内容：一是投资管理。投资管理的重点在于结合国家、省和市的定价规范以及行业标准，对土建预算、装修成本、市场环境因素等进行考虑，估算项目成本，并在实施阶段纠正可能发生的偏差。二是招标管理。代建单位应组织施工、监理和设备材料选购招标活动。三是合同管理。代建单位应负责工程合同的洽谈与签订工作。四是工程管理，包括组织施工图设计，取得建设工程规划、施工许可证，取得消防、园林绿化、市政等工程竣工前的有关审批手续，按项目进度向建设单位或财政部门提出投资计划申请，组织代建工程的中间验收，会同建设单位共同组织竣工验收，编制工程决算报告，将代建项目竣工及有关技术资料整理汇编移交，并按约定向建设单位办理交付手续。

① 王桂松、党兰英：《浅谈项目前期代建主要工作内容及思考》，载《浙江建筑》2014年第3期。

根据项目代建阶段的不同，可以分为全过程代建和建设阶段代建。项目代建主要参建各方之间合同关系分别如图1－1、1－2。

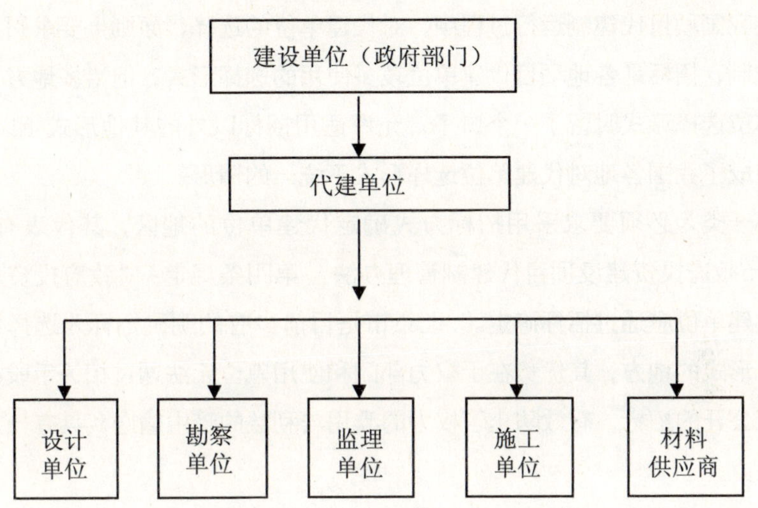

图1－1　全过程代建主要参建各方的合同关系

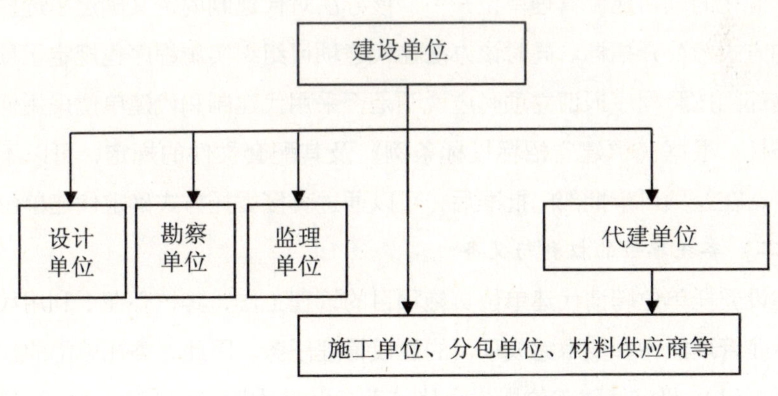

图1－2　建设阶段代建主要参建各方的合同关系

三、项目代建制的内容

（一）代建单位的确定

在我国项目代建制运行过程中，对代建单位的选择，原则上要求引入市场竞争机制，招标是各地项目代建单位较多使用的选择形式，但诸多地方在规定代建单位选择形式时留了一个口子，允许适用招标以外的其他形式予以确认，这也造成了我国各地对代建单位选择形式不统一的情形。

第一类为必须要求采用招标方式确定代建单位的地区，其代表有北京。《北京市政府投资建设项目代建制管理办法》第四条规定："政府投资代建项目的代建单位应通过招标确定。"北京市是目前少有的明确招标为选择代建单位唯一形式的地方，其优势在于权力部门和使用单位无法通过相关手段规避相对公正公开的招标，有效防止了权力的滥用与利益的暗中输送，具有一定的借鉴意义。

第二类为提倡以招标方式为确定代建单位的主要方式，但不排除其他方式的适用，招标形式往往依据项目规模、投资规模等予以确定。根据《福建省省级政府投资项目代建制管理办法》规定，代建制是指通过公开招标等方式选择专业化的项目建设管理单位……。该办法对代建制的定义确定了选择代建单位的方式为公开招标。同时该办法在代建项目组织实施程序也规定了项目组织实施部门按照程序报请立项时应说明是否采用代建制和代建单位采用何种方进行委托。根据《福建省招标投标条例》及其配套文件的规定，可以不招标的项目，在经项目审批部门批准后，可以通过直接委托方式确定代建单位。①

（二）委托单位的权利与义务

建设委托单位聘请代建单位实施项目的管理工作，其核心在于利用代建单位的专业管理能力和技术完成项目的建设管理任务。因此，委托单位的权利主要包括：（1）要求代建单位提供合格的劳务及技术服务；（2）对代建单位提供的代建服务进行监督。委托单位的义务则主要在于提供符合约定的工作条件、就代建单位部分的审批手续予以协助，及时支付代建服务费用等，还包括

① 郑琳璘：《关于厦门财政投融资代建项目采用代建和监理一体化模式的探讨》，载《广西城镇建设》2017 年第 9 期。

项目前期摸底调查；为代建工作提供项目批准文件，就代建工作要求、工作场地等提供必要条件；对代建项目的建设实施进行监督和指导；组织代建项目的竣工验收和移交，按代建合同条款约定向代建单位核拨建设资金和代建项目管理费；等等。

（三）代建单位的权利和义务

代建单位是受建设单位的委托组织实施项目管理工作的项目法人，是项目的建设管理主体，在授权的范围内对项目建设进行全方位、全权制、全责制的管理。① 其权利在于收取代建管理费、在优化完成代建任务时取得相应奖励，该部分主要体现在代建单位竞争选择时签订代建合同中。代建单位的核心义务在于提供专业且合格的劳务和技术服务，最终达到项目的投资、进度、质量和安全控制目标。

1. 代建单位对项目质量的把控

项目因其政策性，对项目质量方面的有其政策需求，以保证和维护政府的形象。项目一旦出现质量问题，会导致群众对政府不信任，甚至信访，成为影响社会安定的不稳定因素。② 代建单位对项目质量的控制显得尤为重要，其关键在于需要建立一个代建制项目的全面质量管理体系。其中首要的是加强项目的事前控制，在事前检查时就加以预防，减少质量事故的发生。同时，还应注重全员化的质量管理，让代建项目参建各方都明确项目的质量管理要求，在需要分包的项目中做好分包合同的拟定，以组织项目分项验收和中间验收等实时检查等方式，对项目进行质量控制。另外，在过程中还需加强不同单位之间的合作与联系，通过交底及其他各种方式，进行各个单位之间的协调。③

2. 代建单位对项目工期的控制

首先，代建单位必须严格依据合同规定组织开工和竣工，制作进度计划并予以实际执行，同时还需要对项目进度计划的实际执行情况进行过程中的动态检查和分析，依据工程建设对进度控制计划进行调节。其次，代建单位应积极

① 刘芳、龙奋杰：《代建制模式下高校基建项目的合同管理》，载《四川建筑科学研究》2014 年第 6 期。

② 黄霞：《建设工程质量控制要点分析》，载《管理锦囊》2014 年第 7 期。

③ 唐应钦：《浅析项目代建管理模式下业主方对工程质量的把控措施》，载《福建建材》2017 年 1 期。

采用新型施工技术和设备，提升施工速度，缩短工期。最后，在项目工程建设中，代建单位还应加强施工现场协调管理，对各个承包商，需要科学合理地组织施工和协调控制，充分提升各参建单位工作积极性，在出现交叉施工内容时，协调各方做好衔接管理工作，确保工程项目按节点顺利进行，在预定的进度计划内完成竣工。①

3. 代建单位对项目建设资金的管控

随着我国城市化进程不断加快，各地建设出现体量大的特征，政府在建设项目时必须考虑到资金控制问题。项目实行代建制，相应的控制责任落到了代建单位身上。代建单位应从以下几个方面予以控制：一是工程设计阶段。工程设计对工程造价的影响也就是工程成本估算，是代建项目全过程造价管控的重点所在。代建单位应在明确项目规模的基础上协助建设单位编拟项目设计任务书，并在已获得审批的项目总投资范围内估算在设计任务书中明确要求设计单位进行限额设计。在设计方案向施工转化阶段，代建项目部还应组织相关单位对施工图进行自审，查缺补漏，防止因图纸缺漏造成施工阶段无谓的设计变更引起工程量增加。② 对于工程变量、设计变更等均要求以联系单方式予以明确，并经代建单位及监理单位审查后予以变更。

四、项目代建制存在的问题

代建制在我国政府投资项目改革阶段取得了一定的成效，但仍有许多问题在现行的法律规定中难以找到明确的答案。对此，笔者就项目代建制在现行法律制度下的若干问题梳理如下。

（一）项目代建制立法缺失

首先，法律依据不足。作为我国地方政府自发适用的工程建设管理方式，从项目代建制的实践情况来看，只有各别地方政府出台了建设与管理的暂行规定，大多数地方项目代建制还是以地方政府投资项目代建制管理与办法为参照，级别限制于地方性法规。国务院发布的《决定》也并未对代建制作出明确规定。除此之外，我国没有中央统一的关于代建制的相关规定。

① 韦昌亭：《拆迁项目进度风险管理研究》，载《建材与装饰》2017 年第 30 期。
② 李文豪：《谈政府代建项目全过程造价管控》，载《四川建材》2017 年第 5 期。

各地方政府的规定在框架上虽具有类似性，但对代建单位的定义、职责、代建范围等问题仍未达成一致共识，项目代建过程中，各方往往凭借经验进行操作，导致部分项目出现只有代建之名的尴尬。由于缺乏相应配套的政策法规和相应的服务标准，代建各方定位不够清晰，代建各方对项目管理目标及方式的认识不一致，导致代建各方相互扯皮、推卸责任，合同纠纷频发等情况。

项目代建制的内容与现行立法规则相互矛盾。项目代建制度涉及国土管理、行政审批、消防人防等多项行政审批事项，但因为我国现行法律对于代建主体法律地位规定不明晰，影响了代建主体管理权力的行使，代建主体在代建关系中发挥的作用受限。因为代建身份难以被认可，也限制了代建主体独立开展业务和承担责任的能力。①

其次，法律原理缺失。目前，我国对项目代建制的研究大部分是工程管理学学者在参与，法律规制相关研究成果较为贫乏。其中尤其是对代建制法律性质、关系的研讨，由于无法从合同法分则中的合同类型直接进行概括，普遍认为代建制是基于委托关系形成的一种工程管理方式。② 从法律特征角度分析，代建制法律关系应当比较适用我国关于委托合同的法律规定。

委托合同中，委托人与受托人之间的关系就相当于代建制中的建设单位与代建企业之间的关系。③ 例如，在代建制中，建设单位负有接受建成的工程项目的义务，资金也应当由建设单位自筹或建设单位的上级政府部门提供。④ 两种法律关系中，都应当如约支付受托人相应的报酬；在行使职务行为时都应当严格依照指示办事。同样，在代建制中，代建单位的权利也需要放在笼子里，受到建设单位的监督，定期向委托方汇报在委托代建工程过程中的各类

① 陈小民：《某乡镇旧城拆迁项目管理及其创新研究》，转引自西南财经大学 http://www.swufe.edu.cn/，访问日期2017年11月10日。

② 赵文义：《委托代建制运营特征及其法律关系分析》，载《长安大学学报（社会科学版）》2005年第1期。

③ 王显星、孙九春：《代建制及其在铁路南站工程中的应用》，载《上海建设科技》2003年第1期。

④ 钱寅泉、汪宝国、王仪融：《代建制项目管理模式初探》，载《技术经济与管理研究》2012年第2期。

事项。[①]

但是，纯粹以委托关系解释代建制存在三点核心困难。[②] 第一，委托关系是发生在当事人与第三人之间的法律关系，而代建制中发生的是三方合同法律关系。委托关系中，受托人可以任意选择是以谁的名义与第三人订立合同。在"显名代理"及第三人知晓委托人的"隐名代理"中，第三人成为合同的相对方，可以独立主张权利。但在代建制中，如果代建单位以自身名义与第三人签订合同，并对委托方发生法律效力，代建单位就不属于代建法律关系中的独立个体，代建制也就无从讲起。第二，受托人和代建单位承担赔偿责任亦有所区别。委托人要求赔偿的情形包括：因受托人的过错，受托人的故意或重大过失，以及受托人超越授权造成委托人损失。但从代建制实践来看，大多数地区，要求代建单位对项目投资、进度、质量等控制承担无过错责任，即代建单位在未达到控制目标的情况，无论存在过错与否，均应承担违约责任。第三，委托合同与代建制当事人对合同是否具有解除权方面不同。根据合同法关于委托合同的相关规定，委托人、受托人享有随时解除合同的权利。但在代建制中，建设单位与代建单位则不具有合同法定解除权。[③]

（二）项目代建制合同管理问题

1. 代建合同权利、义务设计不合理

首先，体现在建设款项与履约保证金的约定。项目委托方作为项目的"业主"，拥有对项目的最终决策权、监督权、建议权，其职责在于筹措项目开发所需全部资金或主要资金，但在实践中容易出现干预代建企业行使权利的困境。当代建方与委托方出现异议时，委托方很容易把控代建方的经济命脉，通过对代建费的拖延支付或者怠于行使管理权利的形式干预代建方的正常运行。[④] 此时代建方的积极性会受到影响，进而影响工作效率，更有可能出现整体工程延误等问题。从各地方政府拟制的代建合同（包括项目代建合同）示范文本来看，代建合同中对委托方筹措资金无法配合项目建设进度时的责任约

---

① 何新华、胡文发：《引入代建制，推进工程管理体制创新》，载《中国水运》2002 年第 5 期。

② 程建平、刘书研：《政府投资项目代建制的法律缺陷》，载《中国律师》2006 年第 11 期。

③ 陈静茹等：《基于风险分配的代建合同条件设计》，载《工程建设》2014 年第 4 期。

④ 谢金龙：《代建模式市场研究》，载《上海房地》2016 年第 11 期。

定含糊，甚至没有约定相应的责任条款。从各地方项目代建制实践来看，代建合同中对代建单位关于质量、工期、造价的控制责任则约定的非常明确，同时要求代建单位缴纳较高比例的履约保证金，而各种对代建单位是否存在过错进行考量的内容仅体现在极少数地方，大部分地区则要求代建单位承担无过错责任，这与委托代理的原则亦不相符。另外，代建合同对于代建单位有效控制质量、工期、造价的奖励机制在大多数项目代建合同亦体现得很少。

其次，体现在对代建单位授权不明确。（1）代建单位授权不够。在对项目代建制进行试点时，项目业主受自身经验的影响，在对代建单位授权方面，缺少必要的认识，过多干预代建单位工作，进而出现“大业主，小代建”的现象。因为授权不够，导致代建单位的权利和义务失衡，如对建设资金的过分监督，在使用上需要层层审批，不仅需要建设单位同意，还需组织建设管理部门和财政部门审批，使代建项目管理工作被动。（2）代建单位的责权不明确。目前，建设项目大多属于政府投资项目，与现行的财政管理制度存在一定的衔接问题，而各地方的代建管理规范对此并无明确规定。代建单位作为项目的控制直接管理者，需要参与投资预算与建设资金使用。在此情况下，代建单位就项目的投资申报、预算编制以及建设资金的拨付，需要与使用单位、投资单位以及相关的财政部门进行协调，而在代建合同中使用单位、投资单位对代建单位的授权并不明晰，也未作区别，就会出现财务管理与工程造价核算主体不清的情况。另外，在项目代建实践中，代建单位根据代建合同的约定有时还需负责工程前期征地、拆迁，建设条件落实和协调，根据合同要求办理或者协助办理相关的立项审批手续、建筑许可等，就工程前期征地、拆迁工作而言，应属于政府行政行为范畴，需要依靠政府行使行政权力予以实现。代建单位虽然依据代建项目委托人的授权，成为代理人，但因其企业性质并不具有相应的行政权力，亦无法律依据，其地位难以得到认可，导致前期工作拖延，乃至整个项目工期的延误。另外，代建单位如需完成上述工作，还可能导致费用付出增加的情形，从而影响代建项目工程总投资的控制。

2. 代建合同文本问题

首先，形式方面过于简单。个别项目建设单位或组织建设管理单位（如指挥部）以任务书的形式下达代建任务，仅列明了项目名称、建筑面积等，而对于项目代建过程中相关投资、工程时间节点、代建管理费、工程质量等要素内容未作明确。

其次，条款方面不规范。代建项目的代建合同格式和构成要素尚未形成统一的合同格式，使得项目建设单位或组织建设管理单位的代建合同的格式五花八门，构成要素均存在欠缺和不规范的现象，未按照合同法规定的要素签订项目代建的代建合同。

最后，内容方面不明确。项目代建制的代建合同未将项目的范围、项目实施期限、代建单位的权限、代建管理费取费标准、建设成本列支范围、成本控制手段、质量要求、会计核算形式、工程款项的支付方式和期限、代建项目结算程序和方式及其他应当约定条款、内容进行明确，导致委托方和受托方的权利和义务不明确，从而造成工期延误、质量问题以及造价超控等问题，丧失了代建制的意义。

3. 对外责任承担不明确

首先，关于违约责任。代建项目代建过程中一旦出现拖欠参建单位（勘察、设计、施工）及材料、设备供应商的款项引发诉讼时，投资人、代建单位和使用单位应由哪方承担责任。从代建委托代理理论来看，代建单位作出具体建设管理行为造成的法律后果要由委托人来承担。但是在当下的房地产建筑行业市场，很多时候投资方或者业主单位并没有参与到该项目合同的签订过程中，根据合同相对性，债权人的权利无法向其主张。

关于质量责任。建设完成后，委托人（相关政府机关）作为直接的当事人，对于出现的工程质量和使用功能缺陷等问题，不得不面临用户、群众的投诉，这种现象在代建中并不少见。如使用单位作为代建合同的一方当事人，①根据代建合同径行向代建单位主张相应的合同责任尚可处理。在使用单位并非代建合同一方当事人时，因质量问题、工期问题等产生的相应责任应向投资单位主张还是向代建单位主张，在诉讼时就会出现原告或者被告主体是否适格的问题。

① 杨庆蔚：《深化政府投资体制改革，加快推进代建制工作》，载《中国招标》2006年第2期。

五、项目代建制相关的建议

（一）完善代建制法律法规

从我国项目代建制及其他项目代建制实践情况来看，目前尚不具备条件制定全国性、统一性的代建相关法律法规，故而项目在实行代建制过程中会出现诸多的问题。代建单位和建设单位，包括投资单位和使用单位，对代建项目的认识、定位和权责分配存在着不同的理解，各种违法、违规的代建现象也就在所难免。因此，建立代建相关标准，如管理技术、资质审核标准等就显得尤为重要。目前，项目代建制的相关法律适用主要体现在合同法、建筑法、政府采购法的相关条文中。虽然目前尚无法制定全国性的统一法律法规，对项目代建制予以规范，但可在合同法、建筑法的框架内制定相应法律、法规，对项目代建制产生的风险、代建单位的资质予以规制，避免责任主体缺位现象的产生。另外，建议将项目代建纳入政府采购法范畴，笔者认为，可以从代建制实践中进行探索，最终形成完善的项目采购相关法律制度。

（二）修正代建合同委托关系

如上文所述，以委托关系解释代建制存在三点困难。其一是代建单位与第三人签订代建合同，一旦发生款项追索诉讼时，应以哪一方为被告的问题。当项目代建的投资人、使用单位一方并非代建合同当事人时，如何主张权利？基于委托关系理论，款项支付的责任在于委托方，也就是在投资人与使用单位之间产生，但基于合同相对性，债权人无法径行向委托人主张权利，如果向委托人直接主张的话，也不符合代建制关于转移建设风险的初衷。笔者认为，可以在代建合同中约定一旦出现因代建单位原因产生的超预算、超工期、质量问题的，代建单位应当承担相应的代建违约责任，违约责任的实现即直接指向第三人，如其他参建单位（设计、勘察、施工单位）承担款项支付责任。该设计可以解决投资人或使用单位非代建合同一方当事人时，被告主体资格问题。通过该设计，一旦出现质量问题，被告主体资格的认定问题即可得到解决。其二，在项目代建制适用过程中，也应适用委托代理关系中受托人存在过错或重大过失时承担相应比例的过错责任的相关规定，这也较为符合权、责、利相适应的原则。其三，在项目代建制度适用过程中，代建合同各方应排除适用或者限制适用委托代理任意解除权的行使，项目代建制一旦启动，代建单位与参建各方之间的法律关系即开始形成，且纷繁复杂，如仍适用委托代理关系关于委托方与受托方可以任意解除的相关规定，在合同履行不完全或中止履行的情形下，容易导致项目工程停滞，激发群体矛盾，乃至产生更多的司法纠纷，故而在项目代建过程中，应当排除或者限制委托的任意解除权利。

（三）加强项目代建合同管理

项目代建过程，无论政府作为投资人还是监管主体，均不能以行政权力约束代建单位，只能通过合同行使监督权。建设的可交付成果，在过程中不能很好地通过事前的计划、事中的控制来加以约定和规避，目前只能以合同约束双方行为。①

1. 明确项目代建制权利与义务分配基础

合同的风险分配是合同权利、义务设计的重要依据，代建项目风险应当依公平原则、可管理风险原则、可预见风险原则和低成本分担原则合理分配合同各方权利和义务。②

关于项目行政审批。代建项目涉及多项前期行政审批与行政许可手续，具体包括土地手续、投资计划批复、规划方案审批等行政审批意见，规划许可、施工许可等行政许可。由项目的立项单位、使用单位办理相关的行政审批与行政许可更合理。一方面，有利于规划方案、建筑方案从一开始就能满足各项使用要求及用户需求，避免施工过程中的反复调整与修改。另一方面，立项单位、使用单位也符合土地、规划、施工许可及招投标、合同备案等行政审批中对建设工程主体资格的要求。代建单位在办理各项行政审批方面的优势在于其对工作流程的熟悉及对相关政策文件要求的掌握，如能将二者的优势结合起来，由委托单位办理与规划、建筑设计相关的行政审批手续，其余的行政审批与行政许可由代建单位代为办理，明确区分代建单位与委托单位的责权，是加快前期各项手续办理速度的合理选择。③

---

① 袁明慧、武永峰：《基于委托代理理论的代建合同授权分析》，载《信息化建设》2016 年第 7 期。

② 杨枫：《工程代建合同风险识别与评价》，载《长沙铁道学院学报（社会科学版）》2010 年第 2 期。

③ 陈静茹等：《基于风险分配的代建合同条件设计》，载《工程建设》2014 年第 4 期。

关于财政管理与建设资金拨付，应做好项目代建制与现行基本建设财政管理制度的衔接。[①] 首先，投资项目的投资计划、项目的建设预算以使用单位为主体，由代建单位根据代建协议负责代为编制，由使用单位按规定程序上报有关部门。明确各使用单位、组织管理单位与代建单位的职责。建设资金依申请直接拨付给代建单位或供应商。财务管理和建设工程款核算以代建单位为主体，由使用单位、组织管理单位予以审核。

2. 规范代建合同文本及条款

鉴于项目代建制涉及多个领域，多方法律关系的认定，建议明确代建合同为要式合同。由国家建设行政主管部门和工商行政主管部门尽快制定统一的代建合同示范文本，合理约定各方权利义务关系，明确规定项目代建范围、工作方法、质量标准，各方权利与义务，违约责任的认定与赔偿等，从制度上指导合同当事人防范因合同条款粗放、风险预防不明确而产生的合同纠纷，规范代建市场。[②]

① 《“代建制”管理模式探析》，载 http：//wenku. baidu. c，访问时间2017年1月13日。

② 李秋艺：《我国政府投资项目代建制存在的问题及对策》，载《赤峰学院学报（自然科学版）》2014年第2期（上）。

[新类型疑难案例选评]

周某琴诉银谷普惠信息咨询（北京）有限公司、银谷普惠信息咨询（北京）有限公司南通分公司租赁合同纠纷案[①]

范纪强*

【裁判要旨】

当前，企业商户普遍利用互联网平台或电子软件，将公司、商铺名称或主管业务及联系方式标注到网络地图上，为企业定位、品牌宣传等自身经营提供便利。本案即涉及案涉租赁房由网络地图标注为被告公司地址的情形。随着社会经济的发展，附随义务应具有符合时代的内涵，租赁合同终止后，协助办理网络地图标注删除即属于承租人附随义务，如怠于履行势必影响出租人对房屋的使用及日常经营生活。

【基本案情】

原告：周某琴。

被告：银谷普惠信息咨询（北京）有限公司南通分公司。

被告：银谷普惠信息咨询（北京）有限公司。

被告银谷普惠信息咨询（北京）有限公司南通分公司系被告银谷普惠信

① 案号：一审：(2018) 苏0602民初2804号。

* 作者单位：江苏省南通市崇川区人民法院。

息咨询（北京）有限公司的分支机构。2016年4月，原告与银谷普惠南通分公司签订办公室租赁合同，原告将坐落于本市崇川区中南世纪城27号楼1304室、1305室出租给该分公司，租期至2018年4月30日止。上述租赁合同到期前，该分公司表示不再续租，原告遂将上诉房屋分别出租给江苏悠恒生物技术有限公司和南通大自然饲料科技有限公司，租期自2018年5月1日起。原告曾多次要求被告将租赁房屋恢复原状，包括拆除天花板和隔断、将卫生间和敲掉的隔断墙恢复原样等，但其置之不理。因此，原告将案涉租赁房屋恢复原状工程交由南通蓝凯装饰工程有限公司完成，工程总价为37350元。由于案涉房屋恢复原状导致原告逾期向承租人交房，经与江苏悠恒生物技术有限公司和南通大自然饲料科技有限公司协商，原告抵减一个半月房租用于支付逾期交房违约金，共计33882.45元。此外，被告承租案涉房屋后，将中南世纪城27号楼1305室作为其营业场所在主管机构办理了工商登记，并在百度地图、高德地图、腾讯地图中将租赁房屋地址进行了标注对外公示，至今仍未变更。

原告认为，被告公司承租房屋改造了房屋主体机构，其未予恢复原状，应赔偿原告相关损失。双方租赁合同已经终止，被告未对上述信息予以变更或删除，严重影响了原告的生活及对案涉房屋的使用。为维护自身合法权益请求判令：（1）被告造成原告经济损失共计71232.45元，扣除押金16129元，被告赔偿原告55103.45元；（2）被告立即对其企业营业场所进行工商变更登记，并立即变更或删除百度、高德、腾讯网络地图对案涉房屋地址的标注。

被告银谷普惠信息咨询（北京）有限公司、银谷普惠信息咨询（北京）有限公司南通分公司辩称，（1）承租人对房屋进行的装饰装修属于民法中的添附。根据合同法规定，承租人经出租人同意可以对租赁物进行改善或增设他物，被告对租赁房屋进行装修并未对房屋造成不良影响，被告不存在违约行为；（2）案涉租赁合同终止后，被告已将房屋归还原告，原告自行装修改造所产生的费用与被告无关；（3）被告完全按照租赁合同的约定将案涉房屋返还给原告，并结清了水电费，不存在对房屋的破坏问题，不影响原告再次出租使用房屋，原告在与案外人履行租赁合同过程中产生的争议和损失亦与被告无关；（4）对于原告要求被告立即对其企业营业场所进行工商变更登记，变更或删除百度、高德、腾讯网络等地图对案涉房屋地址的标注，请法院依法处理。

【审理结果】

南通市崇川区人民法院审理认为：原告周某琴与被告银谷普惠南通分公司签订的《办公室租赁合同》系双方真实意思表示，不违反法律、法规禁止性规定，应合法有效，双方当事人均应恪守履行。根据法律规定，分支机构以自己名义从事民事活动，产生的民事责任由法人承担，也可以先以该分支机构管理的财产承担，不足以承担的，由法人承担。被告银谷普惠南通分公司为被告银谷普惠公司所设立的不具有法人资格的分公司，其不能单独承担责任，其最终的民事责任应由被告银谷普惠公司承担。但鉴于被告银谷普惠南通分公司领取了营业执照，有相对独立经营的财产，况且其财产亦为总公司即被告银谷普惠公司财产中的一部分，故原告周某琴要求两被告承担责任并无不当。

本案中，被告银谷普惠南通分公司承租案涉房屋后虽有权根据合同约定进行内部装修以备经营，但须注意的是应当合理使用租赁物。被告银谷普惠南通分公司未经原告许可，擅自将案涉两套租赁房屋隔断墙体打通重新布置电路，构成权利滥用，根据法律规定应当予以恢复原状。另据案涉《办公室租赁合同》约定，合同终止时该房屋中被告增加的可移动、可拆卸部分归被告所有，故本案合同到期后，被告应当及时拆迁相关可移动、拆卸部分的装饰装修。在案涉合同终止前，原告周某琴已经通知被告交付房屋时应恢复原状未果，后原告周琴自行恢复原状，相关损失应予赔偿。考量原告周某琴的诉讼请求，其损失包括两部分，其一恢复原状所支付的37350元费用，该费用为原告直接损失，法院予以支持。其二由于恢复原状导致原告另行出租案涉房屋延期交付的损失33882.5元，诉讼中原告周某琴主张延期向案外人交付租赁房屋的时间为26天左右，本院注意到，其恢复原状的装修期间为7日，故原告该项主张存在扩大损失，本院酌定支持15000元。综上，原告周某琴的损失为52350元，诉讼中双方均同意以案涉租房押金16129元予以抵扣，故被告另需赔偿原告36221元。

关于原告周某琴请求被告变更或删除百度、高德、腾讯网络地图对案涉房屋地址的标注。法院认为，当前，企业商户普遍利用互联网平台或电子软件，将公司、商铺名称或主管业务及联系方式标注到网络地图上，为企业定位、品牌宣传等自身经营提供便利。通常而言，企业地址网络地图的标注一般由企业商户自行申请或网络地图平台线下勘查或通过其他途径等，本案即涉及案涉租赁房由网络地图标注为被告公司地址的情形。本案中，原、被告双方建立了房屋租赁合同关系，租金的给付及标的物交付返还系双方主要的合同义务，但据法律规定，当事人还负有基于合同而产生的履行通知、协助、保密等附随义务，目的在于维护给付效果或者妥善处理合同终止事项。随着社会经济的发展，附随义务应具有符合时代的内涵，租赁合同终止后，协助办理网络地图标注删除即属于承租人附随义务，如怠于履行势必影响出租人对房屋的使用及日常经营生活。故原告周某琴相关诉讼请求，于法有据，法院予以支持。

关于原告周某琴要求判令被告立即对其企业营业场所进行工商变更登记，本院认为，原告该项请求并不属于民事案件处理范畴，其可另行通过合法途径解决。综上所述，依照《中华人民共和国民法总则》第七十四条、《中华人民共和国合同法》第六十条、第九十一条、第九十二条、第二百一十九条、《最高人民法院关于审理城镇房屋租赁合同纠纷案件具体应用法律若干问题的解释》第七条、第十条的规定，判决如下：一、被告银谷普惠信息咨询（北京）有限公司南通分公司于本判决发生法律效力之日起十日内，一次性赔付原告周某琴36221元。二、被告银谷普惠信息咨询（北京）有限公司对于上述第一项判决义务中被告银谷普惠信息咨询（北京）有限公司南通分公司以其财产不能清偿的部分承担清偿责任。三、被告银谷普惠信息咨询（北京）有限公司南通分公司、银谷普惠信息咨询（北京）有限公司于本判决发生法律效力之日起十日内，协助删除百度、高德、腾讯网络地图关于案涉房屋关联其公司的标注。四、驳回原告周某琴的其他诉讼请求。

一审判决作出后，两被告对相关判决未提出上诉。

［评析］

租赁合同终止后网络地图标注删除的性质认定

民事合同关系依当事人之间合意而形成的法律关系，契约的本质在于权利义务关系，即由权利和义务构成。传统债法理论及我国相关立法又明确，当事人的合同义务并不仅仅一概由当事人书面或口头约定，故从义务层面予以考察，合同法律关系中存在着复杂的义务网络，此涉及合同法内容形成及发展的核心问题。本案中被告承租案涉房屋用于经营理财公司，合同终止后被告虽向原告交付房屋，但案涉房屋关联被告公司的网络地图标注并未删除，给原告的生活和经营带来很大的不便，案涉网络地图标注在双方订立合同时并未协商，考察原告诉请能否成立，即涉及如何认定删除网络地图标注行为的性质，其属于何种义务？能否单独作为一项诉讼请求提出？当事人的救济路径又是如何？我国立法并未明确，理论支撑不足导致司法实践认知不一。

一、附随义务的涵义及理论基础

根据传统合同法理论，合同义务产生于当事人约定，除此以外当事人之间没有任何权利义务关系，彼此也不需承担任何责任。为追求实质正义，私权保护过程中必须体现意思自治与公平正义的内在统一，法律有必要对当事人的自治行为进行不要的干预，附随义务应运而生。附随义务理论源于德国，起初系为解决缔约过失而提出后被各国判例和学说接受。2002 年颁布的《德国债法现代化法》正式将附随义务纳入《德国民法典》。

各国及地区关于附随义务的定义存在不同的表述，在日本，与要素债务相对亦有附随债务的提法，我国台湾地区对此称谓不一，如附随义务、附从义务、附随债务等。有学者认为，附随义务是依诚实信用原则，债务人于契约及法律所定内容以外，尚负有的义务；有的则认为，附随义务是为使债权能圆满实现，或保护债权人其他法益，债务人除给付义务之外，还应负的义务。该义务是以诚实信用原则为基础，并非自始确定，而是随债之关系的发展，依事态情况而发生的义务；还有的认为，附随义务是法律无明文规定，当事人亦无明确约定，但为维护对方当事人的利益，并依社会的一般交易观念，当事人应负担的义务。尽管上述各种表述稍有差异，但实质内容大致相同，附随义务即指法律无明文规定，当事人亦无明确约定，为保护对方利益和稳定交易秩序，当事人依诚实信用原则所应负担的义务。理论上依附随义务发生阶段不同，将其分为先契约义务、履行中附随义务和后契约义务三种。我国合同法第四十二条、第四十三条规定的义务即为先契约义务，第六十条是对于履行中附随义务的规定，有关后契约义务则明文规定在合同法第九十二条之中。一般来说，附随义务主要类型化的形态包括：注意义务，说明或告知、解释义务，协助义务，保护、忠实义务，保密义务等。

显然，附随义务完善了法律和合同配置当事人权利义务的结构及机制，使合同在订立阶段、履行阶段以及履行完毕后各方面的利益都得到了保护和平衡。根据理论学说，附随义务具有时间上的附从性、地位上的从属性、效力上的强制性、内容的不确定性四个特点。

看似颇丰的理论研究，仍不能为解决司法难题提供足够理论支撑，主要涉及附随义务涵义混乱导致司法实务关于相关请求是否具备可诉性以及如何区分涵义非常相近的从给付义务。主流观点认为，二者最大的差异在于的违反后果不同。违反从给付义务的，对主债权的实现有实质影响，而不履行附随义务的，一般对主债权不产生实质影响。从给付义务被违反的，债权人得诉请法院强制义务人继续履行，而附随义务不履行的，没有此种强制执行效力，只能请求损害赔偿。如到商店购物，店方开具购物发票是从给付义务，照顾买受人安全是附随义务，不给发票可依诉讼程序强制给付，未尽照顾义务使买受人摔伤，不能强制为照顾行为。

二、附随义务与从义务的实务区分、认定标准及责任后果

根据传统民法理论，合同义务包括给付义务和附随义务以及不真正义务等，给付义务分为主给付义务和从给付义务。所谓主给付义务即合同关系所固有、必备，并用于决定合同类型的基本义务。例如，在买卖合同关系中，出卖人所负有的交付标的物的义务以及买受人所负有的支付价金的义务就属于主给付义务。从给付义务又称从义务，不具备独立的意义，仅具有补助给付义务功能的义务，其存在目的不在于决定合同的类型，而在于确保债权人的利益能够获得最大满足。从给付义务发生的原因包括法律明确规定、当事人的约定、诚实信用原则等。实践中比较典型的从义务如某些动产的转让，转让人应将有关证明文件、单据（如发票、保修卡）等交付受让人；附随义务具有从属性与辅助性。附随义务从属于主给付义务和从给付义务，是辅助当事人合同利益完满实现的义务。例如，在购买机器设备时，卖方给付设备为主给付义务，安装调试为从给付义务，而使用方法或重要情事的告知等则属于附随义务。看似从给付义务与附随义务的界定较为简单清晰，然而，实践中二者的区分并非想象的那么简单。司法实务中如何区分二者呢？如前所述，主流观点将能否作为独立诉讼请求履行作为区分二者主要标准。按此标准，本案中原告诉讼请求中包

括请求判令两被告删除网络地图标注，如其理由成立得到法院支持，法院必会认定删除网络地图标注属于承租人的从给付义务。

笔者认为，该区分标准看似合理具有可操作性，但仍未切中问题的本质。关于附随义务与从给付义务的区别，德国通说虽认为应以可否独立请求履行为判断标准加以区分，可以独立以诉的形式请求的义务为从给付义务，不得独立以诉的形式请求的义务为附随义务。我国台湾地区史上宽、王泽鉴教授等似乎也持类似观点。关于该标准，追本溯源可以发现德国新债法虽明确规定了附随义务，但将附随义务可以进一步分为与履行相关的附随义务及与履行不相关的附随义务，与履行相关的附随义务服务于对主给付义务的准备、支持、保障和完满履行（实现），对主给付义务加以补充，但自身并无独立意义。对它的法律基础很少有法律规定，通常经合意而产生如包装、发送和保险义务，此外还通过补充的合同解释或一般的诚实信用原则而产生。与履行不相关的附随义务就是所谓的保护义务。史尚宽先生以附随义务是否具有独立诉请履行为标准，将其分为独立之附随义务及非独立之附随义务。所谓独立之附属义务，系指从给付义务。关于非独立之附随义务，依其功能而言，可分为二类，以辅助主给付义务实现为目的的附随义务及以保护交易一方人身和财产权利为目的的附随义务。

由此可见，持该区分标准的前提是将从义务本身纳入广义附随义务中予以考量，将广义上的附随义务具体化分类。在我国法律并未明确的前提下，仅仅以可否独立诉请辨别二者本身不具备立法支撑。再者，此观点已经同理论和实践的发展不相符合。一方面需要注意的是从义务与附随义务有着共同的产生基础即诚实信用、交易习惯，故二者的区分并非想像的那么简单，二者混同或转化的现象时有发生。诚然，某些附随义务，特别是警告、保护义务的情形，无需提出请求。但在合同当事人的法益面临即将发生的具体危险时，如果债务人对所应给付的物的处理威胁到了对债权人的正常履行，那么债务人应当不对该物为该种处理。另外，从立法价值来说，从给付义务在于促使履行利益得到基本满足，以实现债权利益的最大化；附随义务则是为了确保合同当事人固有利益不受损害，强调不会使当事人因为合同的履行而使固有利益受到损害，因此它往往体现的是一种保护性义务。当然，在合同的履行过程中可能会有从给付义务和附随义务交叉的情形，从义务目的视角考察，如该义务是为了辅助主给付义务的，应当认定为是从给付义务，如果该义务是为了保护当事人的固有利益不受损害的，则应认定为附随义务。

考察本案，租赁合同关系中租赁房屋的交付使用及租金的给付系双方当事人的主合同义务，合同终止时两被告作为承租人负有交还案涉房屋的义务。本案的特殊之处在于，被告银谷普惠信息咨询（北京）有限公司、银谷普惠信息咨询（北京）有限公司南通分公司作为承租人为经营需要，将案涉租赁房屋在百度、腾讯、高德网络地图中标注成经营地址，合同到期后未能删除网络地图标注，对原告周某琴的经营生活带来很大影响，原告周某琴要求其删除网络地图标注，根本上而言系使其固有利益不受损害，并非如交还产权证、土地证等辅助主给付义务的情形，故本案认定附随义务较为妥当。再者，诚如前文所言，依现代民法理论主流观点，广义的附随义务即包括从给付义务，法院对此认定亦不失严谨。此外，一般而言，网络地图标注通过三种途径，一是商户自行申请；二是网络地图运营商线下核查；三是热心网友提供。本案中无论网络地图运营商通过何种形式进行标注，均不妨碍协助删除网络地图标注属于被告的法定义务的认定，上述判决具有可执行性。

由于我国合同法没有明文设定附随义务履行的责任条款，因而对其责任方式也未明确规定。笔者认为，附随义务不存在对待给付，当事人不履行后合同义务不发生同时履行抗辩权，其没有独立目的，也不发生解除合同的后果。后合同责任的承担方式主要为损害赔偿。除此之外，在有些情况下如本案还可适用实际履行。

三、附随义务理论在司法实践中运用需适当规制

随着时代的发展特别是现代网络科技的日新月异，新事物层出不穷。关于附随义务，我国合同法虽有相关规定，但仍较为模糊，缺乏可操作性，大多数附随义务总是游离于法律规定和合同约定之外，目前涉及附随义务的一些司法认知，仅停留在个案层面上，司法裁判尚未建立起成熟的规则和指导原则。何种合同关系能产生附随义务以及具体的附随义务如何，只能根据具体合同的性质、交易习惯等，在诚实信用原则的指引下作出判断。立法者不可能预见在何种性质的合同关系中当事人应履行何种附随义务，由此便导致附随义务的具体内涵和外延均有不确定性。因此，寄希望于立法日臻完善的同时，司法层面应

对各种新情形，需要法官依诚实信用原则，从衡平双方当事人利益的角度去自由裁量，在运用该制度时准确把握制度的本质和目的解读附随义务的时代内涵；另一方面，为防止法官滥用自由裁量权，过度干预契约自由这一私法的基本原则，对附随义务理论在司法实践中的运用也要适当规制，避免道德泛化的倾向。对于与实现合同目的无实质联系的辅助行为，不得上升为附随义务。对于不属于民事调整范畴的行为，更不宜司法干预。如本案中，被告银谷普惠信息咨询（北京）有限公司、银谷普惠信息咨询（北京）有限公司南通分公司承租案涉房屋后，为经营所需将案涉房屋地址工商登记为营业地址，租赁合同届满后，原告周某琴收回房屋再次出租时，新的承租人经营企业必然需进行工商登记，而两被告的工商登记地址未予更改或删除、注销必然对新承租人的经营造成影响，原告周某琴要求两被告办理工商登记经营地址变更手续虽具有合理性，但该请求不属于民事案件范畴，原告可向行政机关反映，故其该项诉讼请求无法得到支持。

路某玉诉陶某兴肖像权、名誉权纠纷案

马锐红　张春阳*

【裁判要旨】

纠纷一方为发泄不满情绪，擅自将纠纷对方所在单位公布的对方工作照发布于网上，并附着不实的、贬损性的评价词语，该行为侵犯了他人的肖像权和名誉权。

【基本案情】

路某玉系平顶山市某地税局副科长，与陶某兴住同一小区。2017 年 5 月

* 作者单位：河南省平顶山市湛河区人民法院。

20日18时许，路某玉与陶某兴在小区门口发生口角进而互相殴打，报警后公安机关对二人纠纷介入处理。在纠纷处理期间，陶某兴将二人的纠纷反映至某地税局，但未有结果。2017年5月26日，陶某兴在大河网发布“关于税务局干部路某玉在公众场合无故殴打他人的情况反映”（以下简称“情况反映”）一文。2017年6月30日，陶某兴又将上述“情况反映”发布至“天涯社区－天涯杂谈”网站，同时附有某地税局公示的路某玉着工作装照片。后上述“情况反映”被360搜索、新速网等多家网站转载。上述“情况反映”除叙述事情经过外，文中还显示有“后来还听其他邻居说，我们院原来看大门的门卫就是被他无故打跑的，造成当时一段时间没有门卫，导致本院多家住户财产被盗。在当今习书记领导的朗朗乾坤下，居然还有这样为非作歹的共产党干部，难道普通老百姓就可以任人殴打？身为税务局干部就可以横行霸道、欺压邻里？老百姓还能不能与共产党干部生活在同一个屋檐下？人身安全还能不能得到保障？路某玉作为地税局的党员干部，在公众场合随意殴打他人，在事后又毫无悔改之意，严重影响了党在群众中的形象，造成了恶劣的后果……”等表述内容。

2017年8月1日，路某玉与陶某兴在公安机关就二人于2017年5月20日18时发生的纠纷达成调解协议如下：（1）路某玉赔偿陶某兴医疗费、误工费、护理费等各种费用共计1万元；（2）双方不再追究对方任何刑事、行政等法律责任及医疗赔偿责任；（3）本协议双方签字后，陶某兴负责把网络上关于路某玉的帖子删除……。其后，路某玉发现网络上有关帖子并未删除且被多家网站转载，遂提起本案诉讼，要求依法判令陶某兴立即停止侵犯其名誉权、肖像权，并消除影响、恢复名誉、赔礼道歉，并赔偿其实际损失及精神损失共计50000元。

2017年9月15日，陶某兴在天涯社区网站发表声明，声明中称其与路某玉纠纷一事已达成调解协议（并附协议内容），要求擅自转载“情况反映”的网站立即撤下文章。2017年9月20日庭审后，经法庭释明，陶某兴自行或委托他人联系转载网站进行删帖。

【审判】

平顶山市湛河区人民法院认为：名誉权是民事主体就自身属性和价值所获

得的社会评价和自我评价享有的保有和维护的人格权。肖像权是自然人享有的对自己的肖像所体现的人格利益为内容的人格权。自然人的名誉权、肖像权受法律保护。本案中，陶某兴在网上发表帖子，将二人的纠纷与路某玉的单位、职务及共产党员身份相结合，对路某玉作出“为非作歹”“横行霸道”“欺压邻里”等贬损性评价。该行为不仅造成路某玉社会评价降低及精神痛苦，并影响了其单位社会形象，且不良影响仍在持续。陶某兴的行为构成对路某玉名誉权的侵害。陶某兴在贴子内所使用的照片虽系路某玉单位公示的照片，但未经同意任何个人不得非法翻拍或另作他用。陶某兴的行为构成对路某玉肖像权的侵害。遂判决：一、陶某兴于判决生效之日起七日内停止侵害，删除网站上关于“关于税务局干部路某玉在公众场合无故殴打他人的情况反映”的帖子；二、陶某兴于判决生效之日起三十日内在市内公开发行的报纸上登载致歉声明，内容由本院审查许可；逾期未履行，本院将择一报纸刊登本判决主要内容，费用由陶某兴负担；三、陶某兴于判决生效之日起十日内赔偿路某玉精神损害抚慰金6000元；四、驳回路某玉的其他诉讼请求。宣判后双方均未上诉，判决生效。

［评析］

不以营利为目的、未经他人同意使用他人肖像的行为也可构成侵犯他人肖像权

一、不以营利为目的、未经他人同意使用他人肖像的行为对他人合法权益造成侵害时，应认定为侵害肖像权

民法通则第一百条规定，公民享有肖像权，未经本人同意，不得以营利为目的使用公民的肖像。从以上规定和司法实践可归纳出构成侵害肖像权必须具备的三个条件：一是使用了肖像权人的肖像；二是使用行为未经肖像权人同意；三是使用的目的是为了营利。社会生活中，未经肖像权人同意、以营利为目的使用其肖像的侵权行为因有具体法律规定，可依法予以规制。

但社会生活中，不以营利为目的、未经他人同意使用他人肖像的行为也很常见。普遍认为，这类行为中对他人肖像的公益性使用（如为通缉逃犯将其

照片予以公布、对有不文明行为的人进行拍照、公布并加以批评）、新闻报道使用等行为，不构成对肖像权的侵犯。除此之外，随着信息化的快速发展和自媒体的广泛应用，上述行为中还有部分行为如个人出于随意或故意的主观态度，不以营利为目的、未经他人同意在网络、微博、微信等平台上拍摄、发布、传播他人肖像并附着一些或失实的或负面的或戏谑性的语言评价的行为，也给肖像权人带来了困扰、负面影响甚至精神痛苦。对于此类行为，若不加以规制则不符合法律维护社会公众合法权益的立法目的，因此应当将此类行为认定为侵害肖像权。

二、对侵害肖像权的认定，除应关注肖像权所具有的财产利益外，还应关注肖像权所具有的人格利益和精神利益

肖像权是人格权。虽然肖像权的客体即肖像可转化或派生出一定的物质或经济利益，如企业找明星代言产品并将其肖像印制于产品包装上以提高经济收益等。但本质上，肖像权是一种非财产权利。因此，在保护肖像权方面，除应考虑其具有的财产利益外，更应考虑未经同意使用肖像对肖像权人人格、精神等方面造成的影响。从实践中来看，“以营利为目的”的侵权要件，对保护公民合法权益已经过于狭窄。

本案中，陶某兴的行为并不以营利为目的，但其未经同意，将路某玉单位公示的路某玉的照片上传至网上，并附着对路某玉不实的、贬损性的评价。虽然被上传至网上的照片是路某玉所在单位公示的照片，但该公示出于工作需要，目的是为办税服务对象提供工作上的便利，且限于一定范围，面向特定人群。而陶某兴因私人恩怨，出于泄愤的目的，擅自将路某玉的该照片发布至网上并附带与照片和路某玉工作无关的贬损性负面评价词语，并被多处转载，由此对路某玉造成的人格和精神的损害是显而易见的。因此，应当认定陶某兴的行为侵害了路某玉的肖像权。

三、对他人作出明显不恰当的贬损性道德评价构成侵害名誉权

民法通则第一百零一条规定：公民、法人享有名誉权，公民的人格尊严受法律保护，严格禁止用侮辱、诽谤等方式损害公民、法人的名誉。公民的名誉权受侵害的表现，主要是导致社会和他人对其品德评价及社会评价降低，使其

感到社会压力或产生心理负担，精神上遭受痛苦。用口头、书面的语言或行动，公然损害他人人格的行为，捏造并散布虚假事实，使他人遭受精神痛苦的行为，以及泄露他人隐私的行为等，都构成对他人名誉权的侵害。一般认为，公民的名誉权受侵害的表现，主要是导致社会和他人对其品德评价及社会评价降低，使其感到社会压力或产生心理负担，精神上遭受痛苦。

随着信息技术的发展，网络言论的表达渠道更加畅通、传播交流更加便捷，但因网络引发的名誉侵权纠纷也越来越多。网络空间当然不是法外之地，网络用户在充分享有网络自由表达权利和网络便捷的同时，应保持理性、客观，不能肆意丑化、歪曲、损毁、恶意侵害他人的名誉权等合法权益。

本案中，陶某兴在公安机关处理纠纷期间理应理性等待处理结果，但其却为发泄不满情绪，在网上发布对路某玉有“为非作歹”“横行霸道”“欺压邻里”等明显不恰当的贬损性道德评价词语的文章。上述单方面的负面评价，是未经证实的，真实性是存疑的，但限于目前的网络环境，又易诱导不知情者对路某玉作出类似评价，必然导致路某玉的社会评价降低，并产生心理负担，精神遭受压力和痛苦。陶某兴的行为显示了其诋毁路某玉声誉的主观故意心态，其侵害路某玉名誉的意图较为明显，构成对路某玉名誉权的侵害。

[《民法总则》条文理解与适用]

第十三条 自然人从出生时起到死亡时止，具有民事权利能力，依法享有民事权利，承担民事义务。

【条文对照】

民法通则第九条 公民从出生时起到死亡时止，具有民事权利能力，依法享有民事权利，承担民事义务。

【条文主旨】

本条是关于自然人民事权利能力的规定。

【条文理解】

一、对自然人的理解

民法观念中的人，包括自然人和法人。所谓自然人，是指基于自然生理规律出生，具有五官百骸，区别于其他动物的人①，是与法人相对应的概念。自然人既是一个法律概念，又是一个生物学意义上的概念。任何个人都是自然人，不需要附加任何其他条件。与法人相比，自然人是民法观念中的人的规范模型②。其模型地位不仅体现于理念，还体现在规则的具体设置上。如法律行为的效力要件，如行为能力、意思表示真实、意思表示自由等各方面，都是以自然人为出发点。即便以法人的名义实施法律行为，判断是否存在错误、受欺诈或受胁迫等因素时，亦须还原至自然人③。

1986年民法通则制定时，使用了“公民”一词指代自然人④。本次制定民法总则，修改为“自然人”，更符合民法属于私法的特点。这也反映了我国经过近40年的改革开放，法律对民事主体的保护与社会主义市场经济的联系更加紧密，与国际更加接轨，对外国人和无国籍人民事权益的保护更加清晰。民法上对民事主体作出规定，是在于确定民事权利和义务的归属者。另外，按照本法第12条的规定，只要在中华人民共和国领域内的民事活动，均适用中

① 参见王利明、杨立新、王轶、程啸：《民法学》，法律出版社2008年版，第43页。

②③ 参见朱庆育：《民法总论》，北京大学出版社2016年版，第379页。

④ 民法通则第9条规定，“公民从出生时起到死亡时止，具有民事权利能力，依法享有民事权利、承担民事义务”。

华人民共和国法律，不再区分从事民事活动的主体是何国国籍。故本次制定民法总则对民法通则中的“公民”用语作出修改顺理成章。

二、对民事权利能力的理解

我国民法总则所说的自然人的民事权利能力，是指我国公民、外国人和无国籍人享有民事权利和承担民事义务的法律资格（法律地位或曰可能性）①，它是每个自然人平等地享有民事权利、承担民事义务的可能性。对其可从两方面理解：首先，它包括享有权利和承担义务两个方面的能力，而不仅指享有权利的能力，所以有学者将之称为权利义务能力。其次，它只是一种资格、地位或曰可能性，主体并未实际承担某种权利或者义务，只是在抽象意义上有享有权利、承担义务的可能②。即民事权利能力与具体的权利或义务并不发生直接关联，而是通过民事行为能力与具体的权利或义务发生间接关联。所以，权利能力所表达的，是人生而平等的自然法思想。根据我国民法总则第13条的规定，只要是自然人，一经出生，便具有私法主体地位，享有权利能力。即便是刚出生的婴儿，虽然无法通过自己的行为取得权利、承担义务，却不影响其成为私法主体，例如其可能基于继承而成为权利人或义务人，也可能基于法定代理人的代理行为而取得权利、承担义务③。对于民事权利能力的定义，各国表述不同，比如德国学界一般将其定义为“成为权利与义务承受者的能力”；《瑞士民法典》规定“所有人都拥有平等的享有权利与承担义务之能力”④；我国民法通则将之表述为“依法享有民事权利，承担民事义务”，本次制定民法总则依然延续了这种表述。

（一）民事权利能力的特征

1. 自然人的民事权利能力具有平等性

自然人的民事权利能力最突出地表现了平等性的特点，是民法调整私法关系的本质要求。

2. 自然人的民事权利能力具有普遍性

在近现代世界各国民法中，都承认外国人和无国籍人也具有民事权利能

---

① 参见梁慧星：《民法总论》，法律出版社2001年版，第63页。

② 参见李昊：《对〈民法通则〉中民事能力制度的反思》，载《南京大学法律评论》2010年第1期。

③ 参见朱庆育：《民法总论》，北京大学出版社2016年版，第380页。

④ 《瑞士民法典》第11条第2款。

力，即民事权利能力扩大到所有的自然人享有。我国立法也体现了此特点，比如民法通则第 8 条第 2 款“本法关于公民的规定，适用于在中华人民共和国领域内的外国人、无国籍人，法律另有规定的除外”。本次制定民法总则更为前进了一步，不仅用“自然人”取代了“公民”用语，还于第 12 条规定“中华人民共和国领域内的民事活动，适用中华人民共和国法律。法律另有规定的，依照其规定”。也就是说，只要是在我国领域内的民事活动，不区分国籍，均平等适用。

3. 自然人的民事权利能力具有不可剥夺性

自然人的民事权利能力始于出生，终于死亡。除此之外，无论何种原因，均不可被剥夺。

4. 自然人的民事权利能力不得被抛弃

权利能力既是主体的基础，也是主体的前提条件，与主体资格不可分离，亦不可转让。民事主体可以抛弃具体的民事权利，但对于民事权利能力无法抛弃。

（二）民事权利能力与相似概念的区分

1. 民事权利能力与民事行为能力

所谓民事行为能力，是指民事主体据以独立参加民事法律关系，以自己的行为取得民事权利或承担民事义务的法律资格。它是民事权利能力和具体的民事权利、义务相互连接的中介。民事权利能力只是民事主体享有民事权利、承担义务的主体资格，民事主体要实际取得民事权利、承担民事义务还需要通过具体的民事行为来实现，而要为民事行为则需要民事行为能力。因此，在理念上，民事权利能力与“人生而平等”相呼应，行为能力则与“理性人”的观点相对应。由此决定，所有自然人的民事权利能力均等，而民事行为能力却存在不同的层次，如完全民事行为能力人、限制民事行为能力人和无民事行为能力人。

2. 民事权利能力与当事人能力

所谓当事人能力，是诉讼法上的概念，是指合法成为民事诉讼当事人的能力。依据我国法律规定，一般而言，拥有权利能力之人亦具有当事人能力，但有当事人能力者未必具有权利能力。比如，民事诉讼法第 48 条规定“公民、法人和其他组织可以作为民事诉讼的当事人”，此处的“公民”即属于我们所说的“自然人”，但比自然人的概念范围小；此处的“其他组织”，依据《最高人民法院关于适用〈中华人民共和国民事诉讼法〉的解释》第 52 条的界定，包括依法登记领取营业执照的个人独资企业、合伙企业、法人的分支机构、社会团体的分支机构、代表机构等，这也与本法第四章规定的“非法人组织”的内涵和外延有所不同。

三、民事权利能力的开始和终止

自然人的民事权利能力始于出生。因出生是一个过程，出生的界点如何确定，法律没有规定。通说认为，此处的出生应是指“出生完成”①，因出生的自然人是否为活体只有待出生完成才可判断。出生之完成是一项法律事实，与出生人的意志无关，属于法律事实中的事件，而非行为。何时为出生完成，学者曾提出许多判断标准，比如脐带断离说、初声说、部分露出说、全部露出说、独立呼吸说等。通说认为，出生须具备“出”和“生”两大要素，故应全部露出并独立呼吸（即为活体）②，实践中医院在出具出生证明时，亦一般以此为证明标准。对于出生时间的确定标准，第 15 条将有规定，本条不再赘述。

自然人的民事权利能力终于死亡，至于死亡原因在所不问。自然人因死亡而丧失人的地位，也就不再能够享有民事权利能力，故死亡是导致自然人权利能力终止的事由，同时因自然人的民事权利能力不得抛弃、不受剥夺，故死亡也是唯一能够导致自然人权利能力终止的事由。自然人一旦死亡，与之相关的民法关系或者消灭（如婚姻关系），或者为其继承人所继受（如财产权利等），或者因死亡而发生效力（如遗嘱），但其自身作为民事主体的资格则当然消灭③。民法中死亡有自然死亡和宣告死亡之分。自然死亡，是指自然人生命绝对消灭。自然死亡导致民事权利能力终止，因此自然死亡时间之确定，在实践中有重要意义。对于死亡的判断标准，虽然存在医学标准、民众日常观念标准、法律标准等争议，但实践中的做法是以人的生命机能作为死亡认定的考虑因素，即使如此，死亡的判断标准亦有心脏停止跳动说、呼吸停止说、脉搏停止说和脑死亡说等。现今各国多以呼吸、心跳、脉搏均已停止且瞳孔放大为判断标准，我国亦然④。对于死亡时间的确定标准，第 15 条将有规定，本条不再赘述。

① 《德国民法典》第 1 条明确规定，“人的权利能力始于出生之完成”。

② 参见梁慧星：《民法总论》（第 4 版），法律出版社 2011 年版，第 88 页。

③ 参见朱庆育：《民法总论》，北京大学出版社 2016 年版，第 387 页。

④ 参见秦伟、杨琳：《民事权利能力质疑论》，载《山东大学学报》2012 年第 1 期。

【审判实践中应注意的问题】

一、民事权利能力与人格的关系

关于民事权利能力与人格的关系，学界存有不同观点。第一种观点认为，民事权利能力与人格属于同等的概念，可称为“同义说”。该种观点认为，得为民事权利主体之法律资格，称为人格，亦即民事权利能力①。第二种观点认为，权利能力与人格属于不同的概念，可称为“异议说”。该种观点认为，人格是指可以成为民事权利主体的资格，而民事权利能力则是指可以享有民事权利并承担民事义务的资格，前者指条件，即具备了什么条件才能成为主体，后者指范围，即民事主体可以享有的权利范围。前者指前提，是主体可以享受权利的前提，后者指内涵，是主体可以享受权利的内涵②。第三种观点认为，如同民法上其他许多概念一样，权利能力得被赋予不同含义：一为抽象意义上的权利能力，指“享受权利，成为民事主体的资格”，在此意义上，权利能力等同于法律人格；一为具体意义上的权利能力，指“享受某一特定权利，成为某类特定的民事法律关系主体的资格”，在此意义上，权利能力与法律人格不能等同③。我们解读民法总则不要介入学界争议之中，留有余地。

二、宣告死亡对自然人民事权利能力的影响

除了自然死亡之后，民法上还设置了“宣告死亡”制度。所谓宣告死亡制度，是指自然人生死不明达到法定期间，经利害关系人申请，由法院宣告其死亡，从而清理其生前私法关系的制度。依据本法第46条规定，利害关系人可以向人民法院申请宣告死亡的法定期间为：自然人下落不明满四年或者自然人因意外事件，下落不明满二年。因意外事件下落不明，经有关机关证明该自然人不可能生存的，申请宣告死亡不受二年时间的限制。

宣告死亡判决具有推定受宣告人死亡的效力，但需要注意的是，所谓“推定死亡”，只是以死亡为前提清理受宣告人所参加的以其原住所地为中心的私法关系，如婚姻关系消灭、子女可被他人收养、财产发生继承等，但并不因此消灭受宣告人的民事权利能力④。也就是说，若受宣告人实际上尚未死

① 参见梁慧星：《民法总论》，法律出版社1996年版，第56页。

② 参见江平主编：《法人制度论》，中国政法大学出版社1994年版，第3页。

③ 参见尹田：《论自然人的法律人格与权利能力》，载《法制与社会发展（双月刊）》2002年第1期。

④ 参见王泽鉴：《民法总则》（最新版），北京大学出版社2014年版，第118页。

亡，则其民事主体地位仍然存续，仍然具有民事权利能力，所实施的行为不受死亡宣告的影响。我国民事立法也是持有此种观点，比如民法通则第24条第2款规定，“有民事行为能力人在被宣告死亡期间实施的民事法律行为有效”；本法亦在第49条规定，“自然人被宣告死亡但是并未死亡的，不影响该自然人在被宣告死亡期间实施的民事法律行为的效力。”

第十四条　自然人的民事权利能力一律平等。

【条文对照】

民法通则第十条　公民的民事权利能力一律平等。

【条文主旨】

本条是关于自然人民事权利能力平等性的规定。

【条文理解】

本条规定沿用了民法通则的规定[1]。自然人权利能力平等在民法学理论中属于常识。我国民法理论教学恢复之初，民法教科书在涉及民法的平等性原则和民事主体的权利能力时，都会谈到自然人的权利能力平等问题，并且认为自然人的权利能力平等是公民在法律上地位平等原则的必然反映[2]。

自然人的权利能力平等，是民法调整私法关系的本质要求。主要体现在两个方面：形式上，是指任何自然人，不论其性别、年龄、种族、民族、宗教信仰、教育程度、家庭出身、职业、财产状况以及社会地位等方面存在何种差异，在法律上处于平等的地位[3]，都能够享有法律所规定的民事权利、承担民事义务；实质上，是指任何人的人性尊严均有着相同的本质，其生命、健康以及人格的自由发展具有同等的不可侵犯性[4]。在我国，既没有享有特殊权利能力的自然人，也没有不享有或不能享有民事权利能力的自然人，任何自然人不仅在民事主体地位上平等，而且平等地适用民法的规定，其合法权益平等地受法律保护。

自然人的权利能力平等原则通常是通过规定自然人权利能力的起止时间来体现的。比如《德国民法典》第1条规定，“人的权利能力自出生完成之时开

---

① 民法通则第10条规定：“公民的民事权利能力一律平等”。
② 参见佟柔主编：《民法原理》，法律出版社1983年版，第62页。
③ 参见佟柔主编：《中国民法学》，法律出版社1983年版，第62页。
④ 参见朱庆育：《民法总论》，北京大学出版社2016年版，第383页。

始”；《日本民法典》第1条规定，“私权的享有，始自出生”；我国台湾地区“民法典”第6条亦规定，“人之权利能力，始于出生，终于死亡”；本法第13条亦有类似规定。《瑞士民法典》第11条更是直接规定，“在法律范围内，人人都有平等的权利能力和义务能力”。自然人的权利能力始于出生终于死亡，意味着人在生命存续过程中都具有权利能力，因而人的权利能力是平等的，无区别的。

自然人权利能力的平等是认识和研究民法的制度特征和价值理念的逻辑起点。权利能力的平等意味着民事主体法律地位的平等和人格的独立与尊严，意味着民事主体在民事交往中应当相互尊重，意味着当事人在处理民事法律问题时的自主与自决（即意思自治）。民法的所有制度设计都是建立在主体地位平等的基础上的，无论是法律行为制度还是时效制度，无论是物权制度还是债与合同制度抑或亲属继承制度，民法采取的是中立的立场①。当然，随着工业化社会的迅猛发展，在用人单位与劳动者、经营者与消费者的法律关系中，造就了强弱之分，劳动者、消费者成为弱势群体。对弱势群体进行特殊保护成为当今民法的新任务和新课题，比如消费者权益保护法、劳动合同法等法律均是向消费者、劳动者等弱势群体倾斜。但是此种转变亦是为了实现社会成员实质上的平等。

【审判实践中应注意的问题】

平等性与差异性的关系。对于自然人的权利能力，有学者进一步区分为一般民事权利能力和特殊民事权利能力。其认为，自然人权利能力平等仅属一般情形，就特殊情形而言，自然人的权利能力是有差异的，主要表现在以下几个方面：（1）对外国人及无国籍人权利能力的限制。比如外国自然人在我国从事营业活动的，须经我国有关部门批准，并办理登记手续，形式只限于设立外资企业。（2）对未成年人劳动权利能力的限制。比如我国劳动法第15条规定，“禁止用人单位招用未满16周岁的未成年人。文艺、体育和特种工艺单位招用未满16周岁的未成年人，必须依照国家有关规定，履行审批手续，并保障其接受义务教育的权利”。（3）对结婚权利能力的限制。比如我国婚姻法第6条规定男女双方结婚须达到法定婚龄；第7条规定了禁止结婚的情形。（4）不同民族之间自然人权利能力的差异，比如我国民族区域自治法规定各民族有保持或者改革自己的风俗习惯的自由。（5）党政机关工作人员商事权利能力

① 参见柳经纬：《权利能力的若干基本理论问题》，载《比较法研究》2008年第1期。

的限制。比如我国限制党政机关工作人员经商。故其认为，民法上以自然人的权利能力平等为原则，以限制或剥夺或赋予某些特殊群体以特殊资格为例外[①]。

本次制定民法总则仍然承袭了民法通则的规定，仍然规定“一律平等”，这说明立法没有采纳区分一般情形和特殊情形的观点。对此，可这样理解：首先，民事权利能力平等是民事主体平等享有权利的前提，其立法目的是赋予所有自然人以平等的地位，背后包含了人人平等的思想，如果将权利能力分为一般权利能力和特殊权利能力，与该制度的立法目的不符。其次，民事权利能力是一个抽象的概念，只是某种可能性或曰资格，不与具体的权利、义务发生关联。权利能力的这种概括性、抽象性使得民事主体的私权范围可以随着社会生活的变化而扩充。将权利能力分为一般权利能力和特殊权利能力，与权利能力的抽象性不符。再次，上述列举的差异有的可以从行为能力的角度解释，有的可以从法律、政策的特别规定角度解释，不应归于权利能力的差异[②]。

综上，本条规定的民事权利能力作为享有权利的资格，其所指仅为抽象意义上的，是指享有法律允许享有的一切权利（权利之总和）的资格，而非具体意义上的权利能力（即“享受某一特定权利，成为某类特定的民事法律关系主体的资格”）。故“自然人的民事权利能力一律平等”成为本法规定的基本原则。

第十五条　自然人的出生时间和死亡时间，以出生证明、死亡证明记载的时间为准；没有出生证明、死亡证明的，以户籍登记或者其他有效身份登记记载的时间为准。有其他证据足以推翻以上记载时间的，以该证据证明的时间为准。

【条文主旨】

本条是关于自然人出生时间和死亡时间如何确定的规定。

【条文理解】

如本法第13条所规定，自然人的民事权利能力始于出生、终于死亡，因

① 参见柳经纬：《权利能力的若干基本理论问题》，载《比较法研究》2008年第1期。

② 参见李昊：《对〈民法通则〉中民事能力制度的反思》，载《南京大学法律评论》2010年第1期。

此，自然人的出生时间和死亡时间，在民法上具有重要的意义。此外，出生时间和死亡时间在继承法上的意义更为凸显，比如在不承认胎儿的继承权的情形下，胎儿是否出生、何时出生，直接决定了其是否享有继承权；被继承人的死亡时间，则直接决定了继承何时开始。如何认定出生的标准，第13条条文理解中进行了介绍，有部分露出说、全部露出说、独立呼吸说等多种观点，如何认定死亡的标准，也有心脏停止跳动说、呼吸停止说等多种学说。但这些学说，通常为医学上的学术争论，在法律实践中，人民法院不太可能依据这些学说亲自判断是否出生或死亡，故确定能够证明出生时间和死亡时间的证据对人民法院而言更为需要。

一、出生证明和死亡证明

民法通则对如何认定出生时间和死亡时间没有具体规定。《最高人民法院关于贯彻执行〈中华人民共和国民法通则〉若干问题的意见（试行）》第1条规定“公民的民事权利能力自出生时开始。出生的时间以户籍为准；没有户籍证明的，以医院出具的出生证明为准，没有医院证明的，参照其他有关证明认定”。本次制定民法总则，对该条规定作了修改，将出生证明而非户籍作为认定出生时间的首要依据，同时对认定死亡时间的依据首次作出规定。

所谓出生证明，又称出生医学证明。根据母婴保健法第23条规定，“医疗保健机构和从事家庭接生的人员按照国务院卫生行政部门的规定，出具统一制发的新生儿出生医学证明”，也就是说，出具出生医学证明的主体只能是医疗保健机构和从事家庭接生的人员，其他主体无权出具；出具出生医学证明事宜的主管部门为国务院卫生行政部门。应注意的是，该条规定的“从事家庭接生的人员”也为特指，依据《母婴保健法实施办法》（2001年国务院令）第24条规定，“国家提倡住院分娩……没有条件住院分娩的……从事家庭接生的人员”应当是“经县级地方人民政府卫生行政部门许可并取得家庭接生员技术证书的人员”。依据《卫生部、公安部关于统一规范〈出生医学证明〉的通知》（卫妇发［1995］第10号），从1996年1月1日（边远地区3月1日）起，凡中华人民共和国境内出生的人口，统一使用依法制发的《出生医学证明》，其他有关出生人口的医学证明一律废止；《出生医学证明》由新生儿出生所在的医疗保健机构和从事家庭接生的人员出具。《出生医学证明》必须按照栏目要求准确填写，并加盖“出生医学证明专用章”方可生效；新生儿父母或监护人凭《出生医学证明》到新生儿常住地户口登记机关申报出生登记；

户口登记机关凭《出生医学证明》办理出生登记手续，并保留《出生医学证明》副页作为新生儿进行出生登记的原始凭证。因是由新生儿出生所在的医疗保健机构和从事家庭接生的人员出具，且是作为办理出生登记手续的一个依据，故相比较于户籍登记等其他证明，出生医学证明对于证明出生的事实和出生的时间证明力更强。这也是为什么本条首先规定“以出生证明为准”的原因。

除了出生医学证明之外，自然人的出生档案也应具有证明出生事实的较强的证明力。所谓出生档案，是指有关自然人出生的档案记载，是指孕妇和出生婴儿在医院中接受问诊、查体、诊断、治疗、检查、护理等医疗过程的所有医疗文件材料，是经医务人员、医疗信息管理人员收集、整理、加工后形成的具有科学性、逻辑性、真实性的原始记录①。它全面地、完整地、真实地记录了孕产妇从入院到出院的整个诊疗过程中所形成的全部文字、数据、图像和动态，是孕妇分娩和婴儿出生全过程的真实反映。所以，出生医学证明是对婴儿出生完成这一事实的描述，而出生档案是对婴儿出生整个过程的记载，更为详细和直观，所以，在没有开具出生医学证明的情形下，出生档案应具有同样的证明力。

所谓死亡证明，是指证明自然人已经死亡的证明文件或证书。与出生证明相比，死亡证明开具的情形比较复杂，开具主体可能包括医院、村委会、公安局、殡仪馆等。自然人若死于医疗卫生单位的，由医院开具《居民死亡医学证明（推断）书》；自然人正常死亡无法取得医院开具的死亡证明的，由居委会（村委会）出具证明；非正常死亡者，由公安机关等部门开具证明②。对于医疗卫生机构开具的人口死亡医学证明，依据《国家卫生和计划生育委员会、公安部、民政部关于进一步规范人口死亡医学证明和信息登记管理工作的通知》（国卫规划发〔2013〕57号）之规定，自2014年1月1日起，各地医疗

① 参见徐苗：《对公民出生档案管理的若干思考》，载《浙江档案》2009年第5期。

② 如根据公安部、发展改革委、教育部、工业和信息化部、国家民委、民政部、司法部、人力资源社会保障部、国土资源部、住房城乡建设部、卫生计生委、人民银行联合制定的《关于改进和规范公安派出所出具证明工作的意见》第2条第6项规定“非正常死亡证明。公安部门依法处置的非正常死亡案（事）件（经医疗卫生机构救治的除外），需要开具证明的，公安派出所应当依据相关公安部门调查和检验鉴定结果出具”。再如根据《看守所在押人员死亡处理规定》第16条规定，“在押人员死亡原因确定后，由公安机关出具《死亡证明》”。根据《监狱罪犯死亡处理规定》第16条规定，“罪犯死亡原因确定后，由监狱出具《死亡证明》”。

卫生机构使用全国统一制定的新版《居民死亡医学证明（推断）书》（以下简称《死亡证》）；《死亡证》签发对象为在中国大陆死亡的中国公民、台港澳居民和外国人（含死亡新生儿）；《死亡证》签发单位为负责救治或正常死亡调查的医疗卫生机构；《死亡证》签章后生效。医疗卫生机构和公安部门必须准确、完整、及时地填写《死亡证》四联（后三联一致）及《死亡调查记录》，严禁任何单位和个人伪造、私自涂改；未经救治的非正常死亡证明由公安司法部门按照现行规定及程序办理；《死亡证》是进行户籍注销、殡葬等人口管理的凭证，由卫生计生、公安、民政部门共同管理。因死亡证明是由医疗卫生机构或者公安部门等行政主管部门开具，所以，相比较于其他证据，死亡证明对于死亡事实具有较强的证明力。

二、户籍登记或者其他有效身份登记

在实践中，并非所有新生儿都有出生证明。比如在20世纪70年代以前，即使在城市出生的婴儿，因对领取出生证明没有严格的要求，父母并没有为其领取；又如在我国农村，医疗条件欠缺、卫生意识缺乏，有一些婴儿是在家里而非是在医院出生，也无法取得出生证明；再如非婚生子女或者违反计划生育法规而超生的很多孩子也没有在医院出生，从而也无法取得出生证明。对于这些情形，没有出生证明、死亡证明的，可以依据户口簿、身份证等户籍登记或其他有效身份登记的时间确定出生时间，这也是实践中司法机关经常采用的方法。

依据《中华人民共和国户口登记条例》（1958年1月9日全国人民代表大会常务委员会通过）第7条规定，“婴儿出生后一个月以内，由户主、亲属、抚养人或者邻居向婴儿常住地户口登记机关申报出生登记。弃婴，由收养人或者育婴机关向户口登记机关申报出生登记”，这就是我国的户口登记制度。其中，“户口登记机关”指的就是公安机关。所以居民身份证、户口簿以及户口迁移证明，均是由具有户籍管理职权的公安机关出具给当事人证明其身份的法定证明。在认定出生时间问题上，这些法定证明具有比较强的证明力。究其原因，在于这些证明是有权机关依据法律授权，按照法定程序或方式制作出具的，具有较强的规范性，具有更高的证明价值①。

① 参见聂昭伟：《多种证据材料互相矛盾时的被告人年龄认定》，载《人民司法·案例》2010年第14期。

与《最高人民法院关于贯彻执行〈中华人民共和国民法通则〉若干问题的意见（试行）》第1条相比，本条没有规定“户籍证明”。所谓户籍证明，是指由当事人原籍公安机关派出所根据其户籍登记情况出具的证明材料，其信息内容包括姓名、性别、民族、出生日期、公民身份证号码、家庭住址以及家庭成员的信息内容。在2016年9月1日之前，为了核实当事人的身份，可向原籍派出所调取户籍证明。但根据公安部、发展改革委、教育部、工业和信息化部、国家民委、民政部、司法部、人力资源社会保障部、国土资源部、住房城乡建设部、卫生计生委、人民银行联合制定的《关于改进和规范公安派出所出具证明工作的意见》第1条第（1）项规定，“中华人民共和国居民户口簿、居民身份证、护照是公民法定身份证件，具有证明公民身份的法律效力。对于居民户口簿、居民身份证、护照完全能够证明的公民出生日期等9类事项，有关单位及其工作人员应予认可，公安派出所不再出具证明”。也就是说，随着出具证明工作的改进和规范，在有户口簿、身份证、护照等法定身份证件的情形下，户籍证明将不再出具。故本条所规定的“户籍登记或其他有效身份登记”应主要是指户口簿、居民身份证、护照这些法定身份证件。

对于死亡证明，因情形更为复杂，所以实践中没有取得或者无法取得死亡证明的情形应该更为常见。依据《中华人民共和国户口登记条例》第8条规定①，公民死亡，要向户口登记机关申报死亡登记，注销户口。所以，在虽然没有死亡证明，但向户口登记机关进行了死亡登记的情形下，可以死亡登记记载的时间作为死亡时间。

三、足以推翻的其他证据

无论是出生证明、死亡证明，还是户籍登记、身份登记，都是书证。出生、死亡毕竟是事实问题，所以如果上述书证中记载的时间与自然人出生、死亡的真实时间有出入时，应以事实为准。

实践中，出现记载时间和真实时间有出入的原因可能有以下几个：（1）出生证明、死亡证明存在伪造、涂改等情形；（2）农历、公历交织导致登记不明，这种情形在农村出现得比较多；（3）申报户籍时没有出生证明，所以

① 该法第8条规定，“公民死亡，城市在葬前，农村在一个月以内，由户主、亲属、抚养人或者邻居向公民如果在暂住地死亡，由暂住地户口登记机关通知常住地户口登记机关注销户口。公民因意外事故致死或者死因不明，户主、发现人应当立即报告当地公安派出所或者乡、镇人民委员会”。

凭口述登记，容易出现不实；（4）违反计划生育法规出生的人口被瞒报、错报；（5）为达个人目的篡改户籍资料等。足以推翻的其他证据包括但不限于医院的分娩记录、计生办证明、学籍证明、居委会（村委会）证明、家谱族谱、证人证言等。

【审判实践中应注意的问题】

在数人遇难的情形，死亡时间如何确定？这个问题在继承法中有比较大的意义。比如几个人在同一事件中死亡，又相互有继承关系，又不能确定死亡先后时间的，如何确定其死亡顺序？此时，如果没有证据证明个人死亡时间，就需要由法律作出推定。因死亡的先后顺序决定了谁是继承人、谁是被继承人、是否方式代位继承等，推定的基本导向应是合理处理遗产移转问题并简化法律关系。依据《最高人民法院关于贯彻执行〈中华人民共和国继承法〉若干问题的意见》第2条规定，“相互有继承关系的几个人在同一事件中死亡，如不能确定死亡先后时间的，推定没有继承人的人先死亡。死亡人各自都有继承人的，如几个死亡人辈分不同，推定长辈先死亡；几个死亡人辈分相同，推定同时死亡，彼此不发生继承，由他们各自的继承人分别继承。”

第十六条　涉及遗产继承、接受赠与等胎儿利益保护的，胎儿视为具有民事权利能力。但是胎儿娩出时为死体的，其民事权利能力自始不存在。

【条文主旨】

本条是关于胎儿利益保护的规定。

【条文理解】

本条规定是在民法通则基础上新增加的一条规定，也是在本法起草、审议过程中关注、讨论比较多的一条规定。

一、对胎儿的理解

所谓胎儿，我国法律没有明确规定，理论定义也不尽一致。根据生物学和医学上的解释，胎儿是指受孕12周（也有观点认为是8周）开始，四肢明显可见，手足已经分化才是胎儿。但是这种定义若适用与法律领域，会导致12周以内的胎儿的合法权益得不到保护，而且也会导致临界点12周判断困难。我国台湾地区法学家胡长清认为“胎儿者，乃母体内之儿也。自受胎时此起，至出生完成之时，谓之胎儿”[1]。目前，我国对胎儿尚未从法律上予以定义，对胎儿的理解还存在不同认识。如医学上认为，人在孕育过程中可以分成几个阶段：一是受精卵；二是胚胎，此时尚未发育成“人形”；三是胎儿。有的法学研究者认为，法律保护的胎儿应该是指正在孕育中的“人”，保护的是从受孕那一刻起一直到脱离母体独立呼吸成为真正的民事主体，涵盖整个孕育阶段[2]。下一步如何认定法律意义上的胎儿，还需要认真研究。

二、我国采取的立法模式

因自然人的民事权利能力始于出生，胎儿尚未出生，故不能取得权利能力，不能成为民事主体。但是胎儿是所有自然人生命发育的必经阶段，不仅存在未来需要保护的利益，也存在某些现实利益的保护需要，比如能否作为继承人继承份额，再如胎儿在其孕育过程中遭受到损害致其出生后疾病的，或者其父母受到人身伤害影响到对其出生后的抚养等。因此，自罗马法以来，各国民法对胎儿的利益都有特殊保护，胎儿的权利能力问题构成“人的权利能力始于出生之完成”原则的例外，故关于胎儿利益的保护既是民法的一项重要内容也是法律研究中的一个恒久话题。

近代民法关于胎儿利益的保护之立法模式选择主要有三种[3]：（1）总结的保护主义（概括主义）。即凡涉及胎儿利益之保护时，均视为其已经出生。如《瑞士民法典》第31条第2项规定，“子女只要其出生时尚存，出生前即具有权利能力”；我国台湾地区“民法”第7条规定，“胎儿以将来非死产者为限，关于其个人利益之保护，视为既已出生”。（2）个别的保护主义（个别规定主义）。即胎儿原则上无权利能力，但于若干例外情形下，视为有权利能力。如《法国民法典》第1923条规定，“在继承开始时尚未出生，但已怀孕的胎儿，视为在继承开始前出生”；《德国民法典》也对胎儿具有权利能力的情形进行了列举，如第1923条第2项规定，“在继承开始时尚未出生但是已经受孕者，视为在继承开始之前已出生”、第844条第2项之后段规定，“抚养人被杀时，其应受抚养之第三人，虽于其时尚为胎儿，对于加害人亦有损害赔偿请求权”；《日本民法典》分别就损害赔偿请求、遗产相续、受遗赠能力以及父亲认领胎儿等规定胎儿有权利能力。（3）绝对主义。即绝对否认胎儿具有权利

① 参见胡长清：《中国民法总论》，中国政法大学出版社1997年版，第60页。

② 参见罗时贵、唐青林：《论民法对胎儿的保护》，载《南昌高专学报》2003年第1期。

③ 参见尹田：《论胎儿利益的民法保护》，载《云南大学学报法学版》2002年第15卷第1期。

能力。《苏俄民法典》采用此种模式。

我国民法通则未承认胎儿具有权利能力。涉及胎儿的立法只有继承法第28条规定，“遗产分割时，应保留胎儿的应继承的份额。胎儿出生时是死体的，保留的份额按照法定继承办理”。对于该条规定，学理上有不同理解：肯定说认为，该条规定通过对胎儿继承权的承认，突破了民法通则关于“民事权利能力始于出生”的规则①；否定说认为，该条规定的只是遗产分配问题，只是对胎儿利益的特殊保护，并未承认胎儿的权利能力②。

应看到，从法律上对胎儿利益的保护作出规定，既是民法的重要内容，也是人道主义和人性伦理的要求。故在本法制定过程中，对于应规定对于胎儿利益的保护，并无太大争议，但对于应采取的模式和保护的范围，存有不同观点。对于应采取的模式，有观点认为，胎儿不仅有财产权利，还有人身权利，故应采取总括的保护主义，赋予胎儿权利能力；有观点认为，涉及胎儿利益的，只需用法律明文规定即可，不必赋予其权利能力。本法最终采取了折中的模式，规定“涉及遗产继承、接受赠与等胎儿利益保护的，胎儿视为具有民事权利能力。但是胎儿娩出时为死体的，其民事权利能力自始不存在”，也就是说仍以“自然人的权利能力始于出生”为原则，但在涉及本条规定的特定事项时，胎儿视为具有民事权利能力，由此可见，我国民法总则实际上采取的为个别保护主义立法模式。对于保护的范围，本条只列举了“遗产继承”“接受赠与”这两种情形，一是这两种情形主要涉及胎儿的权利，不涉及义务，这符合保护胎儿利益的立法初衷；二是规定遗产继承，也基本延续了现行继承法第28条的规定，保持了法律的稳定性和一致性；三是这也与采取个别保护主义立法模式的其他国家的规定保持一致。在本法草案审议过程中，还有一些代表和委员提出对胎儿利益的保护，除了“遗产继承”“接受赠与”之外，还应增加“损害赔偿请求”的内容，应承认胎儿的独立的损害赔偿请求权，不少学者也持有这种观点。虽然最终本条规定没有增加该项内容，但在文字表述上使用了一个“等”字，故不排除以后随着实践的发展和变化，对该条规定予以扩充解释的可能性。

此外，对于胎儿权利能力的性质，有两大对立的学说：（1）法定停止条

---

① 参见马俊驹、余延满：《民法原论》（第4版），法律出版社2010年版，第78页。

② 参见尹田：《论胎儿利益的民法保护》，载《云南大学学报法学版》2002年第15卷第1期。

件说。依照此种学说，胎儿权利能力的取得有停止条件，即胎儿于孕育期间实际上并无权利能力，当胎儿出生时是活体时，再追溯至权利成立之时取得权利能力。（2）法定解除条件说。依照此种学说，胎儿的权利能力的取得有停止条件，即在孕育期间，胎儿也被视为具有权利能力，只是以后若为死产，其已经取得的权利能力才溯及地取消。对比这两大学说，本条所做“涉及遗产继承、接受赠与等胎儿利益保护的，胎儿视为具有民事权利能力。但是胎儿娩出时为死体的，其民事权利能力自始不存在”的规定，更符合法定解除条件说，也就是说，涉及本法规定事项时，即使在孕育期间，胎儿也被视为具有民事权利能力，只有在娩出时为死体的，其已经取得的民事权利能力才溯及消灭，视为自始不存在。

三、对于本条规定的具体理解

涉及遗产继承的，胎儿视为具有民事权利能力。也就是说，胎儿也是继承人之一，继承开始后，可以参加遗产分割，而不仅仅是现行继承法第28条规定的“保留继承份额”的问题。因其尚未出生，其父母可作为其法定代理人代其进行继承行为。

涉及接受赠与的，胎儿视为具有民事权利能力。也就是说，胎儿可接受赠与，以胎儿作为受赠人的赠与合同的效力不因胎儿的身份受到影响。赠与合同生效后，可公证，亦可进行财产权利转移。因其尚未出生，其父母可作为其法定代理人代其接受赠与。

若胎儿娩出时为死体的，其民事权利能力溯及地消灭，视为自始不存在，所以，由其法定代理人代为受领的给付，应按不当得利之规定予以返还①。已经接受的遗产份额，应按照法定继承办理；已经接受的赠与，应返还赠与人。

【审判实践中应注意的问题】

涉及胎儿利益案件中诉讼主体的确定。胎儿因尚未出生，不可能保护自己的权利，必须由其法定代理人代为完成。在涉及胎儿利益的案件中，进行起诉或者应诉，宜以其法定代理人的名义进行。在胎儿出生后，出生后的婴儿可以以当事人的身份出现在诉讼中，其法定代理人可以婴儿的名义起诉或者应诉。

① 参见王泽鉴：《民法总则》，我国台湾地区版，第118页。

《最新法律文件解读》丛书
稿　约

《最新法律文件解读》是一套以为最新法律规范提供同步“解读”为主的系列丛书，分为刑事、民事、商事、行政与执行4个分册，按月出版。

本丛书以“解读”为重点，突出全、专、新、快、准等特点，通过对最新出台的法律、法规、司法解释、部门规章以及重要地方性法规进行同步动态解读，弥补了法律、法规、司法解释汇编类出版物没有同步阐释、解读内容的不足，为广大读者学习理解最新法律规范，正确贯彻执行法律文件，及时解决实践中的新情况、新问题，提供一个全方位、多层面的法律信息平台。

欢迎您向以下栏目赐稿：

【最新法律文件解读】主要是对最新颁行的法律文件进行解读，帮助司法和执法人员正确理解法律文件的立法背景、意义、重点内容、在适用中应注意的问题、与相关法律文件的衔接与互动关系等等。

【司法实务问题研究】主要刊登对司法理论、实务及司法管理工作中的热点、疑难问题进行研究及评论的文章。

【新类型疑难案例选评】主要是对司法和行政执法实践中具有典型性和代表性的疑难案例，结合具体案情以及审理或处理结果进行简练精辟的点评，解析认识问题的方法、处理问题的法律依据和在个案中的具体适用。

【法学前沿与新视点】以摘要的形式刊登相关法学理论研究的最新动态及具有代表性和典型性的前沿问题，扩展法学研究的深度和广度。

【法律适用问题解答】主要针对司法和行政执法实践中面临的新问题、热点问题、疑难问题进行简要的解答，指出涉及的法律关系，明确法律适用依据。

稿件一经刊用，即付稿酬，稿酬从优。

《刑事法律文件解读》　姜　峤　邮箱：bj85250573@126.com
《民事法律文件解读》　丁丽娜　邮箱：dlnlaw@163.com
《商事法律文件解读》　路建华　邮箱：shangshijiedu@126.com
《行政与执行法律文件解读》　张　奎　邮箱：271717306@qq.com

人民法院出版社
《最新法律文件解读》丛书编辑部